BRIGITTE ET GILLES DELLUC

VIE DES HOMMES au temps de la Préhistoire

SOMMAIRE

Editions OUEST-FRANCE

Des portraits trompeurs

↓ *L'Homme de Néandertal par Paul Dardé.* Cette statue du Musée national de Préhistoire des Eyzies (24) est plutôt un symbole : l'Homme né de la matière.

Nous traînons encore beaucoup d'idées reçues. La statue de l'Homme de Néandertal, sculptée par Paul Dardé et nichée dans la falaise des Eyzies (Dordogne), impressionne les touristes depuis 1930. *L'Odyssée de l'espèce* a rempli les salles de cinéma. Les aventures de *Rahan* se vendent dans toutes les bonnes libraires.

Pourtant, depuis un siècle et demi, de Lucy à l'ADN, les découvertes ont bouleversé l'idée que les romanciers et les artistes se faisaient des temps anciens.

Faire revivre la Préhistoire ? Pas si facile… Il va falloir être clair et se garder de fantasmer : tout ce que les préhistoriens ont trouvé est déjà très extraordinaire.

Le paléo-clochard

Il faut renoncer au vieux portrait-robot de l'Homme préhistorique, clochard en haillons de la nuit des temps. Adieu le demi-singe, malheureuse victime des bêtes féroces, jouant les Eskimos au milieu des glaces. Adieu l'Homme des cavernes, magicien ou chamane, carnivore plus ou moins drogué par des champignons hallucinogènes. Sa compagne ? Non, ce n'était pas une obèse, toujours enceinte, vêtue de peaux de bêtes et traînant une ribambelle d'enfants.

On a cessé de voir la France comme l'unique berceau des « races » blanche, noire et jaune. Sur notre Terre, nous sommes tous parents, tous différents.

De la Bible à Darwin

La Bible plaçait la création de l'Homme en 4000 avant J.-C. et on croyait que l'aspect des espèces vivantes avait alors été fixé une bonne fois pour toutes.

Peu à peu, des précurseurs, durant le XVIIIe et le XIXe siècle, ont pris conscience de la durée du temps passé et de l'évolution de tous les êtres vivants. Le comte de Buffon comprend que le beau tableau de la nature n'est pas immuable. Le chevalier de Lamarck imagine un lent perfectionnement des espèces : à force de brouter les feuilles des arbres, le cou des girafes s'est allongé et leurs petits ont hérité de cette bénéfique disposition.

Enfin l'Anglais Charles Darwin prouve l'évolution des espèces par la sélection naturelle des individus les plus aptes : la nature n'a laissé survivre que les girafes emmanchées d'un long cou, seules capables de s'alimenter et de subsister. Pour lui, les Hommes ne descendent pas du Singe. Ils ont un ancêtre commun.

Aujourd'hui, le darwinisme a, lui aussi, évolué, mais ses grandes idées demeurent.

↑↑ *Les débuts de l'Humanité par Kupka* (*L'Illustration*, 1909). Ce dessin, inspiré par la découverte du Néandertalien de La Chapelle-aux-Saints, suivait les idées de l'époque.

↑ *Les Cro-Magnons au temps des sculpteurs de Laussel et des mammouths.* Illustration d'un livre pour la jeunesse signé par l'abbé Breuil, grand préhistorien, en 1948.

← *La famille Cro-Magnon* inspirée par une reconstitution du site éponyme présentée à l'Exposition universelle de 1889.

Un parchemin détruit page après page

Un site préhistorique, grand chantier ou fouille de sauvetage, est comme un livre qu'on détruit page après page. Au cours de la fouille, il faut donc accumuler les observations.

En creusant le sol, on étudie la succession des strates. Cette « stratigraphie » témoigne du temps qui passe. Elle montre les événements géologiques, les dépôts de sédiments ou les éboulements. Superposés comme dans un mille-feuille, les niveaux stériles et les niveaux d'occupations se succèdent. La comparaison avec la stratigraphie d'autres sites permet de situer le gisement dans le déroulement des civilisations. L'importance relative de chaque objet de silex et de matière osseuse, leur style de fabrication, la nature de leur matériau permettent de rattacher chaque couche de terrain à une époque particulière. On recherche aussi des pièces bien typées chronologiquement, nommées « fossiles directeurs ».

Le décapage soigneux du sol permet de retrouver le sol paléolithique, celui de la vie de tous les jours à un moment donné. Ainsi on découvre des foyers, des aires d'habitat et des zones d'activités diverses.

Les deux techniques de stratigraphie et de décapage sont complémentaires. Grâce au laser, les objets sont exactement positionnés dans l'espace en trois dimensions par rapport à un niveau zéro. On procède au tamisage et au recueil des menus vestiges, carré par carré.

↓ *Fouille à Pincevent (77).* **Minutieux décapage des terres pour retrouver le sol, tels que l'ont laissé les Magdaléniens au bord de la Seine.**
Musée de Préhistoire de Nemours.

Ce que parler veut dire

Avant l'Histoire, c'est la Préhistoire au sens large, ce qui s'est passé avant qu'il n'existe des textes écrits : 5 000 ans au Proche-Orient et, chez nous, 52 avant Jésus-Christ (César à Alésia). Plus précisément, on distingue la Préhistoire, temps des chasseurs-cueilleurs du Paléolithique, de la Protohistoire, temps des agriculteurs et des pasteurs du Néolithique. Entre les deux se situe le Mésolithique. Viennent ensuite les âges des Métaux (Bronze puis Fer).

De la fouille au laboratoire

Le géologue examine les roches et les sédiments. Il renseigne sur les climats successifs, l'évolution du paysage, la formation des abris et des grottes.

Le typologue étudie la forme des outils de pierre ou de matière osseuse et le tracéologue les traces d'usage qu'ils portent. Les restes humains concernent l'anthropologue. L'évolution des Hommes est mieux connue grâce à l'ADN. Les restes animaux sont pris en charge par le paléo-zoologue. Les restes végétaux sont identifiés par le paléo-botaniste : les pollens permettent de reconstituer le couvert végétal.

D'autres spécialistes étudient la parure, les décors des objets et des parois des abris et des grottes.

La datation relative de tous ces vestiges relève de la stratigraphie. La mesure du carbone 14, contenu dans les os et les charbons de bois, fournit des dates jusqu'à - 40 000 ans environ. D'autres techniques permettent de remonter plus haut dans le temps.

↑ *Une fouille dans la grotte de Commarque (24)* **a permis de retrouver les traces des Cro-Magnons qui ont gravé et sculpté les parois rocheuses il y a 13 000 ans.**

← *À Pincevent (77),* **la fouille a permis de retrouver les foyers et les zones d'activités et, ainsi, de reconstituer la vie des anciens occupants du site.**
Musée de Préhistoire de Nemours.

Explorer la nuit des temps

Notre planète a beaucoup varié au cours du temps. Sur un socle déjà instable (la tectonique des plaques), le climat est tout-puissant : l'érosion façonne les paysages.

Les températures varient. La glace fait éclater les fentes des rochers. L'eau se fraye un chemin sur terre et sous terre. Allié à l'eau, le gaz carbonique ronge les calcaires des grottes. Le vent érode et transporte les terres légères.

Les montagnes s'usent, les vallées se creusent, isolant les reliefs. Les grottes se forment et se transforment. Les abris-sous-roche se creusent quand il gèle « à pierre fendre ». Les sédiments, produits de l'érosion, remplissent le fond des vallées, façonnent les terrasses, bouchent les grottes et comblent les abris effondrés. Ils s'accumulent les uns au-dessus des autres : ce sont les couches géologiques ou strates.

Les sédiments du sol, les minuscules grains de pollen des plantes, qui demeurent intacts durant des millions d'années, et les os de la petite et de la grande faune sont comme des horloges qui renseignent sur les temps passés.

↑ *Abri Pataud (24).* **Les vestiges de la vie des Hommes et les produits de l'usure de la falaise se sont accumulés sur 10 m d'épaisseur en 15 000 ans.**

Le fond de l'air est froid

Depuis 1,8 million d'années, l'ère quaternaire est caractérisée par un refroidissement global du climat. Au Tertiaire, il faisait chaud et humide.

Désormais, le climat change tous les 100 000 ans environ. Car la Terre ne tourne pas toujours bien rond autour du

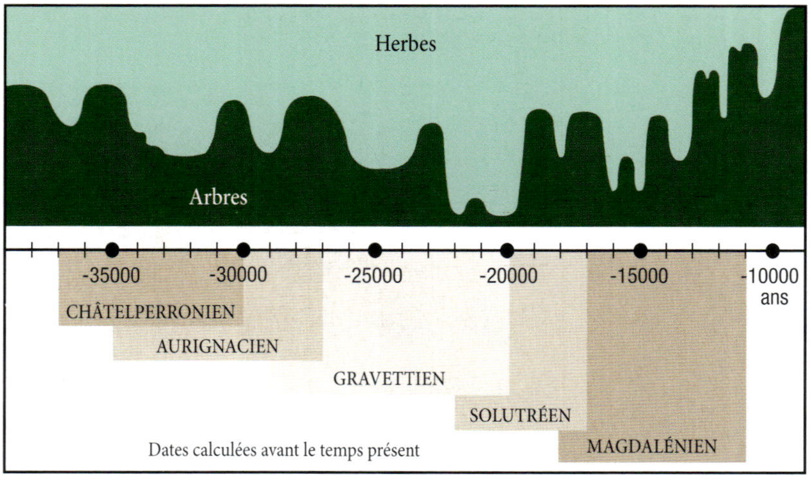

← *Courbe palynologique.* **Plus il fait froid, moins il y a d'arbres et plus il y a d'herbes, comme lorsque l'on monte dans la montagne.**
D'après Arlette Leroi-Gourhan.

← *Abri-sous-roche* sur les bords de la Vézère à la Madeleine (Dordogne).

Soleil : notre planète reçoit, durant certaines périodes, moins de soleil. C'est ce que montrent la stratigraphie isotopique marine et les carottages des glaces du Grand Nord.

On décrit schématiquement quatre « glaciations » principales. Pendant ces périodes « glaciaires », ce n'était pas le grand désert glacé, mais une steppe plus ou moins boisée. Pour notre pays, c'était le climat de l'actuelle Scandinavie : en moyenne 5 °C de moins qu'aujourd'hui.

La dernière période glaciaire ou glaciation de Würm débute il y a 120 000 ans et se termine il y a 11 000 ans. Elle correspond à l'expansion des Hommes les plus récents d'Europe : les Néandertaliens (c'est le Paléolithique moyen), puis les *Homo sapiens* ou Hommes modernes de Cro-Magnon (c'est le Paléolithique supérieur).

Les glaciations ont été émaillées d'épisodes de réchauffement temporaires : les « interstades ». Ainsi les Magdaléniens de Lascaux ont connu un climat analogue au nôtre. En outre, le climat d'un lieu donné dépend aussi de l'altitude, de la latitude, de la proximité de la mer et de l'exposition.

Depuis 10 000 ans, nous vivons une période plus chaude. Elle a permis la mise en place de la culture et de l'élevage au Néolithique.

↑ *Durant la dernière glaciation*, le climat était souvent très rude et le paysage devait ressembler à celui de la Scandinavie ou du Canada.

↓ Parfois, le climat se réchauffait pendant quelques siècles, comme à l'époque de Lascaux, il y a 17 000 ans.

Chercher l'Homme

En recherchant les traces des hommes préhistoriques dans ces paysages, les préhistoriens tentent de reconstituer leur vie quotidienne par l'étude des habitats et de pénétrer leur pensée par l'étude des grottes ornées et des sépultures.

Ce n'est pas facile. On ne peut pas fouiller toute la surface d'un pays. Il est tentant d'explorer les abris-sous-roche et les grottes. Ailleurs, on profite des grands travaux et des découvertes fortuites.

Tout ne s'est pas toujours bien conservé et, dans la terre, les objets ne demeurent pas toujours en place. Certaines pierres à grain fin et cassantes, comme les silex, sont quasi éternelles. Mais les ossements disparaissent si la terre est acide. Dans les pays calcaires, les vestiges osseux se fossilisent : le préhistorien retrouvera donc les ossements humains et les matières dures d'origine animale (os, bois de cervidé, ivoire). La conservation de certains restes végétaux (pollens et charbons) est souvent bonne. Les bois, les écorces, les tissus, les cuirs et les peaux, eux, ont rapidement disparu.

L'année-étalon de l'évolution humaine.

Il y a 4 milliards d'années, la Terre est toute neuve, bombardée par des météorites et toute bouillonnante de volcans. La vie apparaît il y a 2 milliards d'années. Le genre *Homo* n'a que 2,5 millions d'années : il est mille fois plus récent que la vie elle-même. Et les Hommes modernes de Cro-Magnon n'existent en France que depuis 35 000 ans.

↓ *La Caune de l'Arago à Tautavel (66).*
La grotte fut longtemps habitée par les *Homo erectus*. Chaque été, de nombreux fouilleurs viennent étudier cette caverne exceptionnelle.

Le terme *Homme* désigne l'espèce, tandis que *homme* désigne l'individu de sexe masculin.

Pour essayer de comprendre cette « nuit des temps », résumons la trajectoire des Hommes en une année de 365 jours.

Partons du Jour de l'an. Notre année-étalon commence alors avec les premiers Hommes (*Homo habilis*). Ils vont demeurer en Afrique jusqu'à la fin juin. Les *Homo erectus* naissent, en Afrique eux aussi, au milieu du mois d'avril. Ils arrivent aux portes de l'Europe et de l'Asie au début de mai. L'un d'entre eux, l'Homme anténéandertalien de Tautavel, le plus vieux Français dont on a retrouvé les ossements, apparaît en fin octobre seulement. La mi-décembre voit la fin des derniers *Erectus*. Les Hommes de Néandertal et les *Homo sapiens* archaïques (HSA) prennent alors le relais. Les Cro-Magnons ou *Homo sapiens* (HS), nos ancêtres directs, ne font leur entrée que le jour de Noël. Sur cette échelle, l'Histoire, avec l'invention de l'écriture, commence le jour de la Saint-Sylvestre, le 31 décembre en fin de journée.

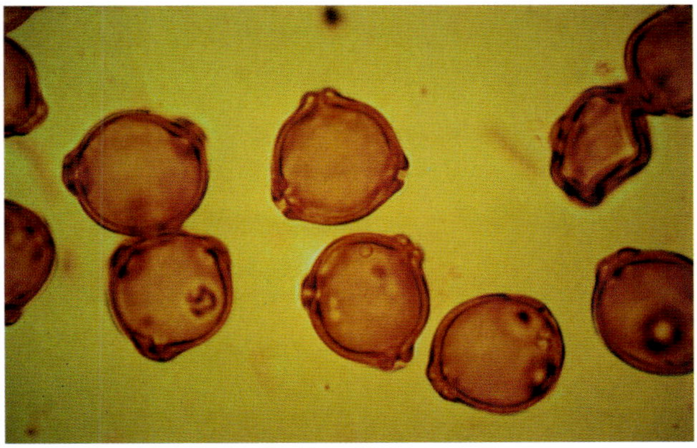

↑ *Les pollens.* **Spécifiques de chaque espèce végétale, ils permettent de reconstituer le climat et de connaître les ressources alimentaires de l'Homme.**
Musée de l'Abri Pataud.

↑ *Les spécialistes de l'art pariétal* **se glissent dans des grottes, parfois profondes et étroites. Les Paléolithiques ont été les premiers spéléologues : sans doute pour des raisons religieuses.**

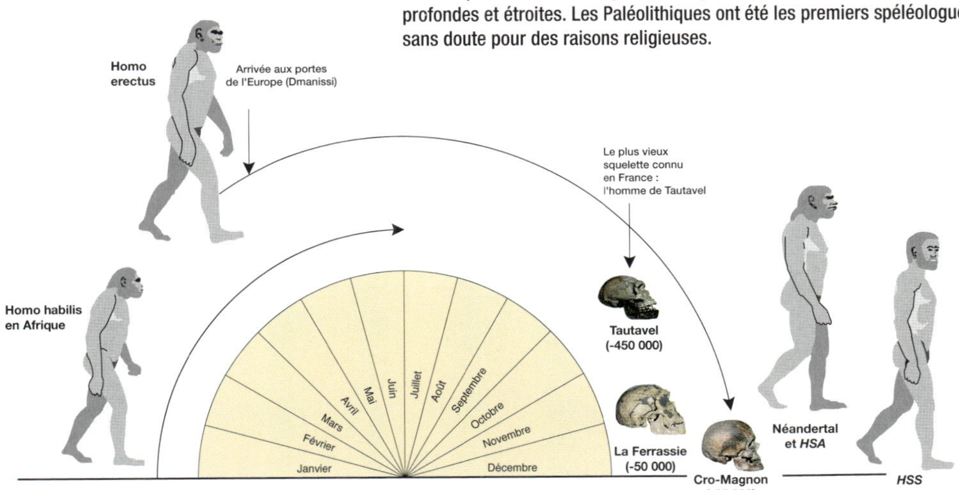

↑ *L'année-étalon de l'évolution humaine.* **Elle commence avec le premier Homme (*Homo habilis*) en Afrique. Les Cro-Magnons d'Europe ne font leur entrée que le jour de Noël.**

Presque des Hommes : les Australopithèques

Les hominidés et les singes ont un ancêtre commun, un primate inconnu. Il vivait en Afrique, à l'ère tertiaire, il y a une dizaine de millions d'années. Le plus ancien hominidé (7 millions d'années), baptisé Toumaï, a été découvert en 2001 au Tchad. D'autres proviennent de l'Afrique de l'Est et du Sud.

Il y a 5 millions d'années, les Australopithèques se différencient. La découverte de la petite Lucy (un peu plus de 3 millions d'années) en Éthiopie en 1974, puis celle d'un autre fossile tchadien, Abel, leur ont donné une grande publicité.

Carte d'identité

Les Australopithèques mesurent entre 1,10 et 1,50 m et pèsent de 25 à 50 kg. Leur crâne est petit, sans front, avec un gros bourrelet au-dessus des orbites et un occiput anguleux. La face, massive, saille en avant. Le menton fait défaut. Les dents ressemblent plus à celles des Hommes qu'à celles des singes : les canines ne dépassent pas les autres dents.

Le crâne est posé, bien d'aplomb, au sommet d'une colonne vertébrale devenue verticale au prix de quatre courbures. Le volume du cerveau est compris entre 300 et 500 ml.

↑ ***Crâne d'Australopithèque gracile.***
Exposition Muséum national d'Histoire naturelle.

→ ***Crâne d'Australopithèque robuste.***
Exposition Muséum national d'Histoire naturelle.

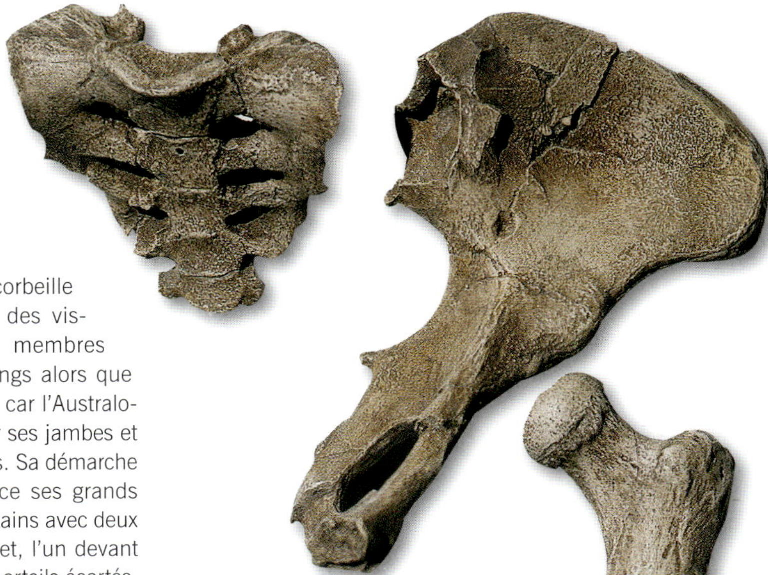

Le bassin s'évase en corbeille pour supporter le poids des viscères abdominaux. Les membres inférieurs se font plus longs alors que les supérieurs diminuent, car l'Australopithèque se tient droit sur ses jambes et marche sur ses deux pieds. Sa démarche est chaloupée : il balance ses grands avant-bras, ses longues mains avec deux pouces opposables ; il met, l'un devant l'autre, ses pieds aux gros orteils écartés. Il est encore en partie arboricole mais sa bipédie s'améliore avec le temps. Sa bouche et ses mains deviennent libres : bientôt, il va pouvoir parler et fabriquer des outils.

↗ ***Bassin de la petite Lucy.***
Elle vivait il y a un peu plus de 3 millions d'années. Elle se tenait debout et marchait sur ses deux jambes.
Exposition Muséum national d'Histoire naturelle.

Une évolution buissonnante

En fait, les Australopithèques forment un groupe assez disparate.

Très schématiquement, les plus petits sont graciles et omnivores : à côté des végétaux, ils mangent ce qu'ils trouvent, mais ne sont pas chasseurs. D'autres, plus récents, sont plus grands et robustes, et leur crâne présente une crête osseuse pour insérer leurs gros muscles masticateurs. Leurs fortes mâchoires portent de grosses dents en meule, à l'émail épais, souvent très usées : ils sont grands amateurs de graminées siliceuses et de racines extraites du sol. Ils vont coexister avec les premiers Hommes, les *Homo habilis*, et même avec les premiers *Homo erectus*, il y a 1 à 2 millions d'années.

← ***Lucy.*** **Adulte, elle était grande comme une enfant de 8 ans.**
Musée d'Histoire naturelle de Genève.

Je suis le premier Homme

Les *Homo habilis* sont un peu nos Adam et Ève. Ces premiers hommes sont des petits-cousins plutôt que des descendants des Australopithèques, peut-être plus proches des Australopithèques graciles que des robustes.

Ils sont apparus en Afrique orientale il y a environ 2,5 millions d'années. Ils sont attestés durant plus de 1 million d'années.

Avec leur 1,50 m et leurs 50 kg, ils sont un peu plus grands que leurs prédécesseurs. Ils ont aussi un crâne épais avec une ébauche de front, incliné au-dessus d'arcades sourcilières en visière. Leur face est un peu moins haute et moins saillante, la mandibule un peu plus petite, les incisives plus grandes et les molaires plus petites : ce sont des omnivores.

Le reste du squelette ressemble encore à celui des Australopithèques. La démarche debout, bipède, est désormais bien assurée.

Surtout, le cerveau augmente et atteint et dépasse 600 ml. Les moulages du crâne montrent les aires de Broca et de Wernicke : c'est là que le cerveau fabrique et traduit les mots. Le palais est voûté et la cavité pharyngo-laryngée s'élargit. Il peut tourner sa langue dans sa bouche et faire résonner les sons : *Homo habilis* commence à parler.

↑ ***Crâne d'*****Homo habilis.**
Exposition Muséum national d'Histoire naturelle.

→ ***Galet aménagé.***
C'est le plus ancien outil des Hommes.

← *Homo erectus* **en train de tailler un galet.**
Musée de Tautavel.

Très habile pour son âge

On a donné à cet Homme le nom d'*Homo habilis* car il est le premier à créer et à manier des outils manufacturés.

Les branches et les cailloux de la savane ne lui suffisent plus. Il a une idée assez géniale : en frappant d'un coup sec le bord tout rond d'un galet, il l'ébrèche et obtient un tranchant. Le premier outil est né. Au début, ce sont de très petits éclats de quartz, sélectionnés dans des graviers et rendus coupants pour sectionner la chair. Puis ce sont des galets aménagés avec un tranchant sur une face (*chopper*) ou sur les deux (*chopping-tool*), pour désarticuler l'animal à consommer et briser ses os.

On attribue à *Homo habilis* le plus ancien habitat découvert dans la gorge d'Olduvai (Tanzanie) : un cercle de pierres formant muret coupe-vent, contenant des galets aménagés, des éclats, des os d'animaux.

Son alimentation comporte des végétaux et de plus en plus de viande. On le sait grâce aux analyses chimiques de ses ossements et à l'examen microscopique de ses dents. Ces Hommes prélèvent la chair des gros animaux, tués par les félins et les hyènes, ou celle des bêtes mortes de leur belle mort. Sans doute *Homo habilis* chasse-t-il aussi des petits animaux. Il se procure les végétaux par la cueillette et le ramassage.

← *Petits éclats de quartz.* **Ils ont été découverts dans un site d'*Homo habilis*. Ils étaient utilisés pour détacher les chairs du gibier.**
Exposition Muséum national d'Histoire naturelle.

Un globe-trotter : *Homo erectus*

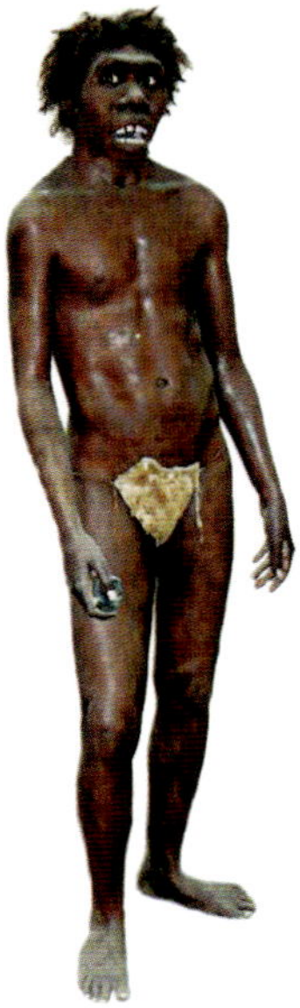

↑ *Le jeune* **Homo erectus** ***du lac Turkana (Éthiopie).*** **Il vivait il y a 1,6 million d'années et mesurait 1,60 m.**
Reconstitution Musée national de Préhistoire des Eyzies.

→ ***Crâne de l'*****Homo erectus** ***de Koby Fora (Kenya).*** **Il est vieux de 1,8 million d'années.**
Exposition Muséum national d'Histoire naturelle.

Il y a environ 1,8 million d'années, voici les *Homo erectus*. Ils dérivent probablement des *Homo habilis* d'Afrique et vont les supplanter peu à peu. L'*Homo georgicus*, intermédiaire entre *Habilis* et *Erectus* est déjà parvenu aux portes de l'Europe. C'est le début du Quaternaire. Comme par capillarité, les *Erectus* gagnent l'Europe et l'Asie il y a 1 million d'années. Le premier *Erectus* connu, le Pithécanthrope de Java, a été découvert en 1891, par le médecin hollandais Eugène Dubois, dans sa quête du « chaînon manquant » entre l'Homme et le Singe.

Des Erectus d'Europe vont naître les Anténéandertaliens, il y a 500 000 ans ; de ceux d'Afrique, naîtront plus tard les Proto-Cro-Magnons, il y a 200 000 ans.

Erectus est l'avenir de l'Homme

Son crâne, aux os épais, est un peu moins archaïque que le précédent, mais toujours presque sans front et avec un net resserrement en arrière : les tempes sont très creuses. La face est plus gracile, mais encore saillante. Les orbites sont basses, abritées sous la barre des reliefs sourciliers. Le crâne est saillant à l'occiput et forme une sorte de crête au sommet. La mastoïde est petite, l'écaille temporale basse, la mandibule longue et robuste, mais sans menton, avec une branche montante large et peu échancrée. Les dents sont bien différenciées, mais encore assez volumineuses.

Le cerveau a grossi. Il mesure 1 000 ml environ, avec un développement particulier des « bosses pariétales ». Les aires du langage sont bien marquées sur les moulages, mais toute la partie frontale est encore déficiente.

L'*Homo erectus* vers l'Europe et l'Asie

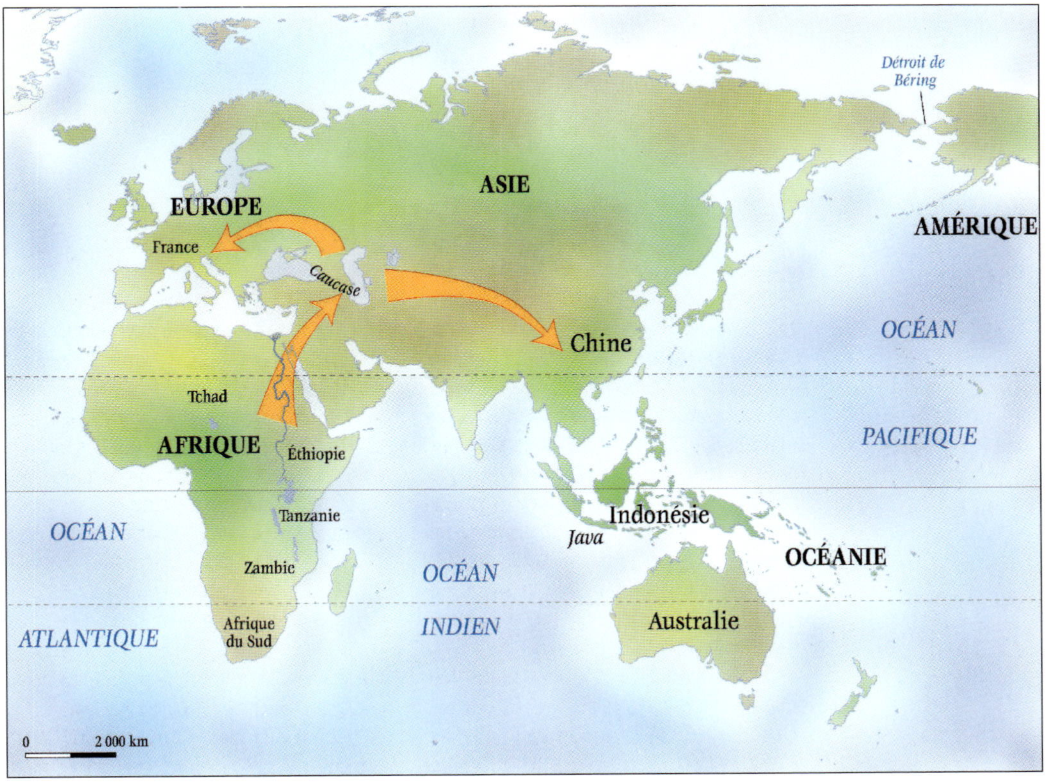

La stature est proche de la nôtre, d'où le qualificatif d'*erectus*. La robuste silhouette est presque moderne : une tête bien ronde sur un cou bien dégagé ; un thorax cylindrique ; un bassin haut et étroit ; des membres inférieurs longs et supérieurs courts. La marche et la course sont certainement aisées. Ces Hommes sont probablement moins velus qu'on ne l'imagine. Vus d'un peu loin, ils devaient nous ressembler.

Ce sont des gens bien portants, pour ce que l'on en sait. À quelques exceptions près. Le Pithécanthrope de Java, à la suite d'un accident, avait un hématome de la cuisse qui s'est peu à peu calcifié. Un autre s'est cassé la mâchoire : il a guéri lui aussi.

DES NOMS PASSE-PARTOUT

L'évolution humaine est un buisson évolutif. Les noms traditionnels utilisés ici sont des mots valises. *Homo habilis* a un contemporain plus robuste : *Homo rudolfensis*. Parmi les *Erectus*, au sens large, *Homo ergaster* est le plus archaïque. En Europe, les différents *Erectus*, tels *Homo antecessor* et *Homo heidelbergensis*, témoignent de plusieurs vagues de peuplement depuis l'Afrique. En fin de course, les *Erectus* de Solo, isolés à Java, se « modernisent » quelque peu. De l'*Homo erectus*, descendrait aussi le petit squelette de Florès (Indonésie), nanifié au terme d'une très longue évolution dans une île isolée.

Le biface et le feu

→ *Biface.* **À côté des éclats et des galets aménagés, c'est l'outil à tout faire des *Homo erectus*.**

Les *Homo erectus* sont omnivores comme leurs prédécesseurs. Ils exploitent les charognes des bêtes tuées par les fauves. Ils commencent à s'attaquer à de gros animaux. Ils ramassent des végétaux.

Ils utilisent toujours des galets aménagés, mais, vers 1,2 million d'années, apparaît le biface. C'est un *chopping-tool* pelé sur les deux faces, en forme d'amande, avec un bout arrondi et l'autre pointu ou droit. On le tient sans manche pour dépecer, couper, racler. Avec le temps, cet outil à tout faire devient très élaboré : la symétrie et l'esthétique sont nées.

Cette industrie du Paléolithique ancien dure plus d'un million d'années dans le monde entier.

L'outillage se diversifie. Avec les éclats, on bricole de petits outils. Vers - 300 000 ans, on apprend à détacher un large éclat plat, en carapace de tortue, tranchant sur son pourtour : il servira à fabriquer des racloirs, pointes, grattoirs... C'est le début du débitage Levallois. Avec le temps, les bifaces se raréfient. Il n'y a pas encore d'outils en matière osseuse.

→ **Homo erectus** ***de Tautavel.*** **Ces chasseurs étaient aussi des charognards.**
Musée de Tautavel.

← *Piégeage d'un mammouth.* **Cette technique de chasse aux gros animaux est attestée dans quelques sites en Alsace, en Espagne et en Europe centrale.**
Préhistoparc de Tursac.

Un gros gibier...

Durant cette longue période, le climat a connu plusieurs glaciations, séparées par des périodes de relatif réchauffement. Avec le paysage, le gibier a donc beaucoup varié : rhinocéros, éléphants, chevaux, bovinés, cerfs, mouflons, ou encore bœufs musqués et rennes. Désormais, les *Erectus* pratiquent une chasse à l'épieu, au contact même du gibier. Le sol de leurs campements est jonché d'ossements.

Ainsi à Terra Amata (Nice), il y a 300 000 ans, leur gibier est fait de jeunes éléphants méridionaux, rhinocéros, cerfs, bœufs. Ils mangent des coquillages et grappillent des raisins sauvages.

À Clacton-on-Sea, au nord de l'estuaire de la Tamise, ils tuent des éléphants, rhinocéros, cervidés et bovins (on a retrouvé un épieu en if appointé, vieux de 150 000 ans). Ils chassent une faune analogue à Torralba et Ambrona, au centre de l'Espagne (avec des bois travaillés, vers 250 000 ans). Au Lazaret de Nice (150 000 ans), ce sont des bouquetins et des cerfs.

Certains *Erectus* sont cannibales. Parmi les restes du gibier, des os humains (membres et crânes) jonchent le sol, cassés et marqués de stries de dépeçage : on a consommé surtout les muscles et les cerveaux. Ainsi à Gran Dolina de Atapuerca (Espagne, 800 000 ans) et à Tautavel (Pyrénées-Orientales, 450 000 ans).

↓ *Terra Amata.* **Dans un campement d'*Homo erectus* sur la Côte d'Azur, il y a 400 000 ans, on a découvert les vestiges d'un des plus anciens foyers.**
Musée de Terra Amata, Nice.

LE FEU

Il y a 400 000 ans, les *Erectus* domestiquent le feu, sans doute emprunté à quelque incendie dû à la foudre. À Terra Amata (Alpes-Maritimes), au centre d'une hutte, un foyer en témoigne. On en connaît à la pointe du Raz, en Hongrie, en Chine... Autour du foyer, la vie sociale s'organise. Désormais, on peut réchauffer et éclairer l'abri, cuire les aliments carnés et végétaux, mieux travailler le silex. Le feu permet à l'Homme de remonter vers le nord de l'Europe et d'y vivre, même aux périodes les plus froides.

Les *Erectus* européens

Les *Erectus* ont atteint la Méditerranée et remontent vers les terres plus froides du Nord : le feu et la vêture de peau animale deviennent nécessaires.

Cette lente colonisation passe par le Caucase, à Dmanissi (Géorgie, il y a 1,7 million d'années), la France au Vallonet, près de Menton (près de 1 million d'années), l'Italie à Ceprano (il y a 800 000 ans), l'Espagne à Atapuerca (1,3 million, 800 000 et 300 000 ans), l'Allemagne, à Mauer ou Heidelberg (700 000 ans) et à Steinheim (300 000 ans), la Grèce à Petralona (probablement 200 000 ans) et même l'Angleterre à Swanscombe (300 000 ans).

À l'époque des premiers Européens de Dmanissi, les derniers Australopithèques robustes s'éteignent en Afrique.

En France, les restes osseux des *Erectus* sont nombreux, dispersés sur le sol des habitats : Tautavel (450 000 ans), Montmaurin (Haute-Garonne) et Orgnac (Ardèche) (300 000 ans), Le Prince (à la frontière italienne), Le Lazaret (Alpes-Maritimes), Biache-Saint-Vaast (Pas-de-Calais) et de La Chaise (Charente) (environ 150 000 ans). Ces Hommes sont encore rustiques, robustes, mais pas très grands (autour de 160 cm environ), non sans une certaine diversité morphologique. Leur cerveau mesure environ 1 100 à 1 300 ml, soit le double de celui de leurs prédécesseurs et plus des deux tiers du nôtre. Ils disposent certainement d'un langage articulé.

Les *Erectus* d'Europe évoluent lentement vers le type de Néandertal, attesté il y a 100 000 ans.

↓ *Tautavel.* **Il y a 450 000 ans, les *Homo erectus* vivent dans la grotte observatoire de la Caune de l'Arago (66). Ils ne connaissent pas encore le feu. Leur gibier est varié.** Dessin de Pierre Joubert.

↑ *Timbre de Tautavel.* **En 1992, un timbre célèbre le 20e anniversaire de la découverte du squelette du plus vieux Français connu.**

↑ *Atapuerca (Espagne).*
Grâce à une ancienne tranchée de chemin de fer, on a découvert, regroupés et bien conservés, le plus bel ensemble de restes osseux d'*Homo erectus*.

↓ *L'***Homo erectus** *de Tautavel (66).*
Il n'est pas très grand, mais sa silhouette est très humaine.
Musée de Tautavel.

D'extraordinaires sites de référence

La tranchée ferroviaire d'Atapuerca, près de Burgos (Espagne), a permis de découvrir trois gisements exceptionnels : Sima del Elefante avec les restes du plus vieil Européen, proche de l'*Homo georgicus* de Dmanissi (1,3 million d'années) ; Gran Dolina TD6 avec les reliefs d'un cannibalisme (une centaine de restes de jeunes *Homo antecessor*, vieux de 800 000 ans) ; et, non loin, Sima de los Huesos, un puits funéraire contenant les restes d'une trentaine d'*Erectus* (200 000 à 300 000 ans), accompagnés d'un superbe biface de quartz rouge.

Les Hommes de Tautavel (Pyrénées-Orientales) ont été découverts depuis 1967 par H. et M.-A. de Lumley, dans une grande grotte-observatoire, ouverte au soleil levant. Les multiples niveaux de leurs campements ou de leurs simples haltes racontent toute l'histoire des chasseurs, parfois cannibales, qui se sont succédé ici depuis 700 000 ans.

Un peu plus tard (autour de 150-200 000 ans), au Lazaret (Nice), c'est une cabane abritée sous le porche d'une grotte en bord de mer. Abritée par un mur coupe-vent, entourée d'une ceinture de pierres pour bloquer des poteaux, elle est confortablement adossée à la paroi rocheuse, avec des aires de taille d'outils, de dépeçage du gibier et de couchage.

Néandertal : un essai non transformé vers la modernité

En 1856, dans une petite grotte de la vallée de Néandertal (Allemagne), on découvre une bizarre calotte crânienne et quelques os des membres. On s'étonne de ce squelette différent de celui des hommes modernes. En 1908, on est surpris par la trouvaille au Moustier (Dordogne) d'un curieux squelette accompagné d'un outillage particulier, qu'on appellera « moustérien ».

La même année, une fouille minutieuse, à La Chapelle-aux-Saints (Corrèze), permet d'exhumer le squelette bien conservé d'un adulte analogue, dans le sol d'une grotte, au milieu de cette même industrie. C'est la première sépulture avérée d'un Homme différent de nous : on pense d'abord au chaînon manquant entre Homme et Singe. D'autres squelettes néandertaliens seront bientôt recueillis en 1909-1921 à La Ferrassie (Dordogne) par l'instituteur D. Peyrony, au cours d'une fouille bien menée, puis ailleurs en France, en Espagne, Belgique, Allemagne, et Italie.

↑ *Vallon de Néandertal.* **Le vallon près de Düsseldorf où fut découvert en 1857 le squelette d'un individu étrange qui, plus tard, donna son nom aux Hommes de Néandertal.**

Les régionaux de l'étape entre glaciers et océan

Ces Néandertaliens sont les descendants européens des *Erectus*, lentement individualisés dans un cul-de-sac, entre l'océan et un mur de glaces au nord et à l'est. Ils apparaissent un peu comme des caricatures d'*Homo erectus* dont ils conservent, voire amplifient les caractères. Ils se sont différenciés il y a environ 100 000 ans des Prénéandertaliens et ils disparaissent il y a environ 30 000 ans, après avoir côtoyé les premiers *Homo sapiens*.

↑ *Le gisement du Moustier (24).* **Les Hommes de Néandertal ont beaucoup fréquenté ce lieu. Il a donné son nom à la civilisation « moustérienne ».**

D'autres Néandertaliens, il y a 60 000 à 80 000 ans, migreront, hors de cet isolat, vers le Proche-Orient (Palestine, Irak et Ouzbékistan).

Leur temps s'appelle le Paléolithique moyen : 95 % de la durée de l'évolution des Hommes sont déjà passés. Il fait

Les Néandertaliens et les premiers Hommes modernes

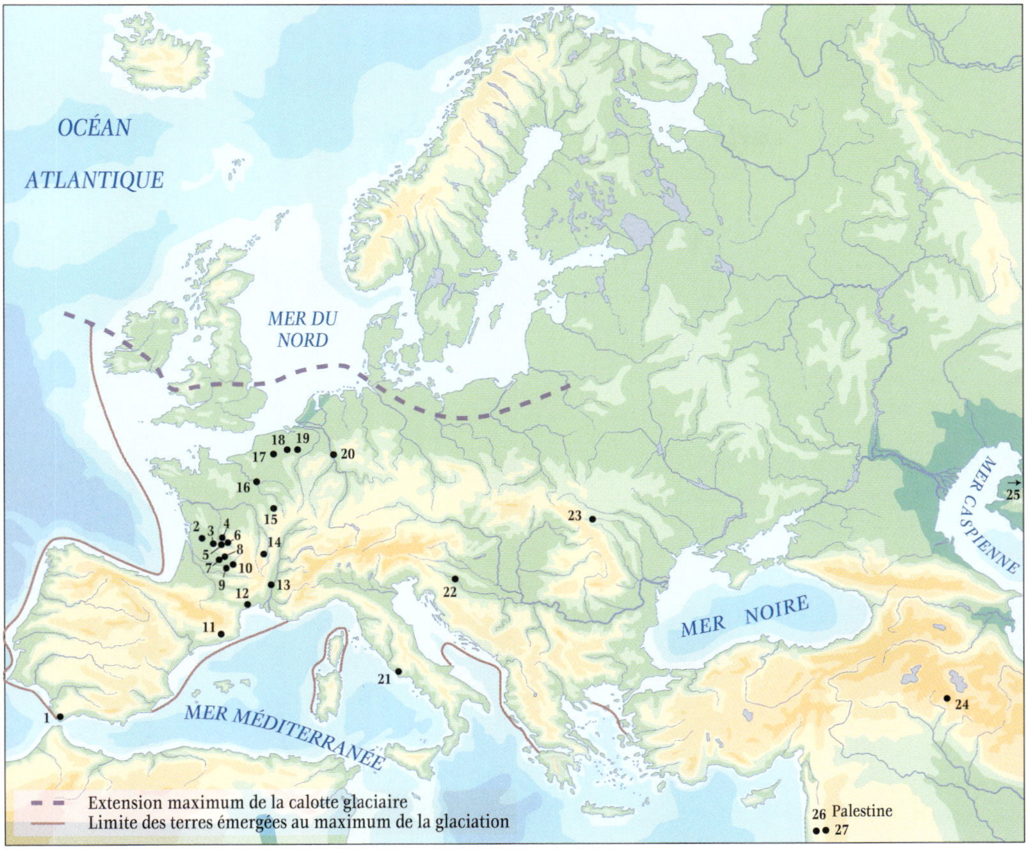

1 Gibraltar (Espagne)
2 Saint-Césaire (17)
3 La Quina (16)
4 Marillac (16)
5 La Chaise (16)
6 Fontéchevade (16)
7 Le Roc-de-Marsal et La Ferrassie (24)
8 Le Moustier et Le Régourdou (24)
9 Le Pech-de-l'Azé (24)
10 La Chapelle-aux-Saints (19)
11 Bañoles (Espagne)
12 L'Hortus (34)
13 Moula-Guercy (07)
14 Châtelperron (03)
15 Grotte du Renne à Arcy-sur-Cure (89)
16 Levallois (92)
17 La Naulette (Belgique)
18 Sclayn (Belgique)
19 Spy (Belgique)
20 Néandertal (Allemagne)
21 Le Mont-Circé (Italie)
22 Krapina (Croatie).
23 Molodova (Ukraine)
24 Shanidar (Irak)
25 Teshik-Tash (Uzbekistan)
26 Amud, Kebara, Tabun (Palestine).
27 Skhul, Qafseh (Palestine).

froid et sec – le début de la glaciation de Würm –, avec des rennes, des bisons et des chevaux dans les grandes steppes, et même des mammouths, des rhinocéros laineux, des saïgas et des bœufs musqués aux périodes les plus froides. Les félins, les loups, les renards et les ours (ours des cavernes et ours bruns) rodent, toujours à la recherche d'une proie.

Les Néandertaliens enterrent leurs morts. Leurs squelettes (plus de 200 individus aujourd'hui), parfois complets, sont ainsi bien conservés. Ils ne sont pas nos grands-parents. Leur morphologie et leur ADN sont très particuliers. Mais les derniers d'entre eux ont connu les premiers Cro-Magnons d'Europe : 1 à 4 % de leurs gènes demeureront chez les *Homo sapiens* d'Eurasie.

↑ *La Chapelle-aux-Saints (19).* **En 1908, on découvrit dans cette grotte un squelette de Néandertalien, qui avait été enseveli dans une fosse.**

Néandertal, taillé en athlète

Aujourd'hui, l'Homme de Néandertal apparaît physiquement comme une caricature d'*Homo erectus*, mais son comportement le rapproche des *Homo sapiens*.

Ce sont des sujets de taille moyenne (165 cm), mais à forte carrure. Surtout les hommes bien sûr. Le crâne est volumineux, large et long, mais aplati. Il n'a guère de front. La face est longue, large et haute, proéminente. Un bourrelet quasi continu marque les arcades sourcilières. Les orbites sont larges et rondes, les maxillaires gonflés par de vastes sinus, projetés en museau sans fosses canines. La mandibule est très robuste, sans menton, mais les dents saillent en avant.

Le cerveau atteint un volume équivalent au nôtre, et même parfois un peu supérieur (environ 1 500 contre 1 400 ml en moyenne). Mais les lobes frontaux, ceux de l'intelligence, sont

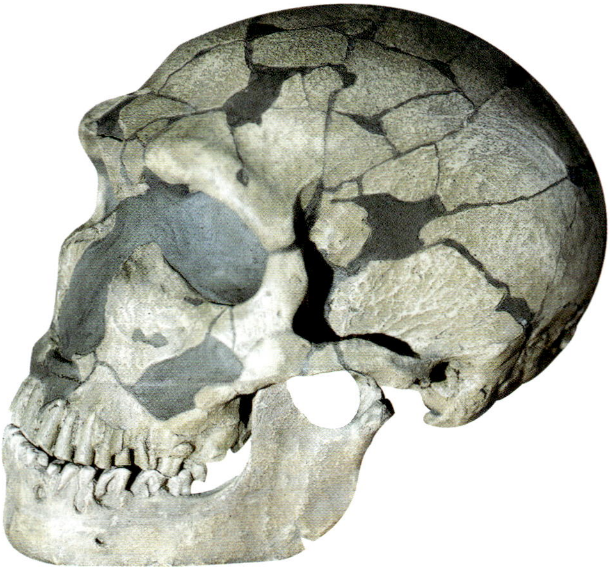

↑ *Crâne de La Ferrassie (24).* **Ce Néandertalien n'a pas de menton, son front est fuyant, sa face est haute et il a un « chignon » occipital.**
Laboratoire départemental de Préhistoire du Lazaret. Nice.

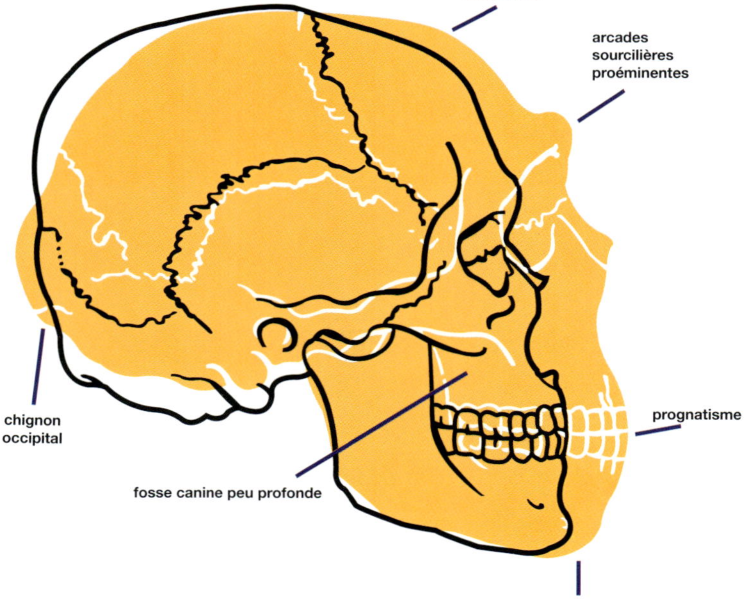

← *Comparaison entre le profil d'un Homme de Néandertal (en jaune) et celui d'un* **Homo sapiens** *(en noir).*

encore modestes, alors que les lobes occipitaux volumineux se logent dans un « chignon » osseux. On retrouve chez certains sujets le gène MC1R : leurs cheveux étaient donc roux et leur peau pâle.

Le thorax est moins cylindrique que le nôtre. Leurs os longs sont un peu courbes. Leurs avant-bras et leurs jambes sont courts. Leur silhouette est trapue, comme adaptée à un environnement froid et à une activité soutenue : sur leurs os, les insertions musculaires sont très développées.

Malgré cette robustesse, on relève parfois des séquelles de maladies : l'homme de La Chapelle-aux-Saints (Corrèze) souffrait d'arthrose vertébrale, d'une fracture de côte, d'une discrète sub-luxation de la hanche, et n'avait plus de dents. Ce vieillard perclus avait la cinquantaine…

Pas bêtes du tout et déjà des idées

On sait beaucoup de choses sur le mode de vie des Néandertaliens. Leur intelligence ne se limite pas à des réalisations pratiques.

Ils savent transmettre, par la parole et le geste, des techniques très sophistiquées comme la taille Levallois des silex. Ils collectionnent des fossiles ou des minéraux curieux. Ils se servent de « crayons » de pigments, rouges et noirs (ocre et manganèse), usés par le frottement, à La Ferrassie et au Pech-de-l'Azé (Dordogne). Peut-être pour des peintures corporelles. Mais on ne connaît pas encore d'art figuratif sur des supports durables. À peine quelques traits gravés sur des fragments d'os ou de pierre, et des cupules piquetées sur le rocher.

On ne sait rien des rites que ces Hommes ont pu pratiquer.

↑ *Crayons d'ocre et de manganèse.* **Ils portent des traces d'usure par raclage. De tels crayons ont été trouvés dans le niveau moustérien de La Ferrassie et du Pech de l'Azé.**
Musée national de Préhistoire des Eyzies

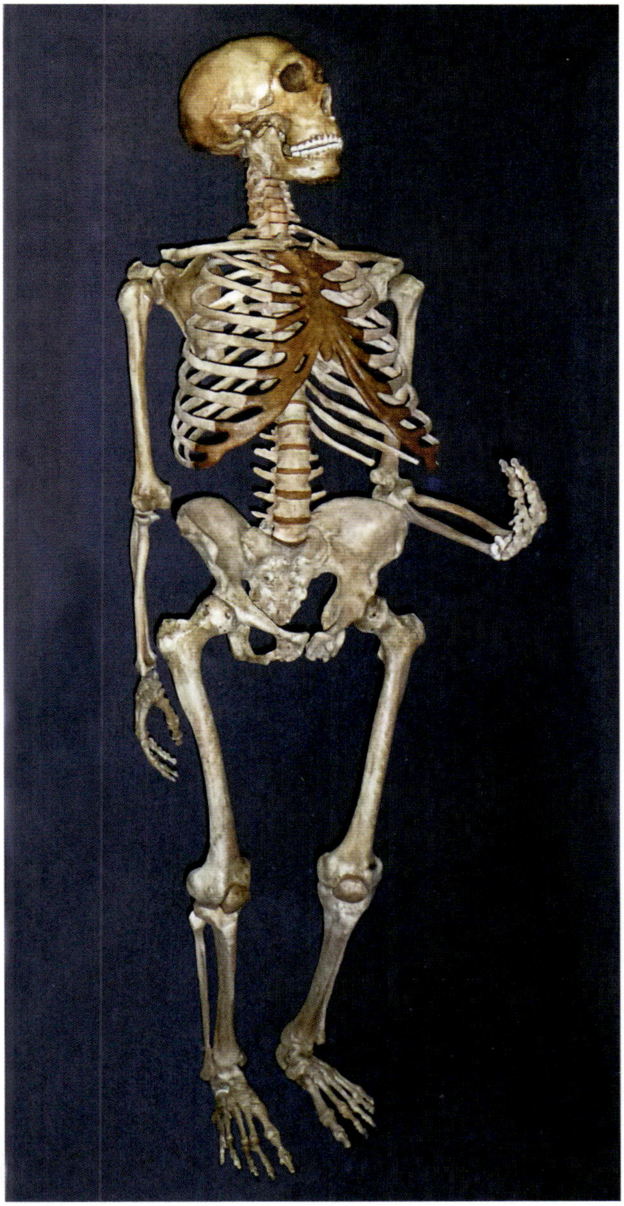

↑ ***Néandertalien de Spy (Belgique).***
Musée de l'abri Cro-Magnon, Les Eyzies.

Une vie déjà bien organisée

L'habitat est installé en plein air ou se niche sous un abri rocheux. Il comporte volontiers un ou plusieurs foyers. Le camp de base est dallé de pierres à La Ferrassie. Au Pech-de-l'Azé (Dordogne), une murette protège plusieurs foyers en arc de cercle devant l'entrée de la grotte. Parfois, on note des aires spécialisées : débitage des animaux, fabrication des outils.

À Molodova (Ukraine), une grande cabane ovale possède déjà une vraie charpente, faite d'ossements et de défenses de mammouth. Ailleurs, c'est une simple halte de chasse comme à L'Hortus (Hérault).

Le feu est devenu d'usage quotidien. On le produit avec un silex et une pierre ferrugineuse (la marcassite, un sulfure de fer) ou en frottant deux bois secs. On l'entretient avec du bois et, parfois, des os. Il attendrit, transforme et stérilise les viandes et les plantes ; il réchauffe et éclaire l'habitat ; il réunit les habitants ; il appointe et durcit les épieux et facilite la taille du silex.

Les hommes pratiquent la chasse au gros gibier, parfois spécialisée à tel ou tel animal. Les femmes vaquent à la cueillette et aux travaux domestiques, avec les enfants. Canidés, félins et ours sont aussi chassés, sans doute pour leurs fourrures. On commence à pratiquer un peu de pêche et même peut-être des salaisons : la consommation de poisson séché et salé a usé en biseau les dents d'une vieille femme en Catalogne.

↓ ***Un campement de Néandertaliens.*** **Dessin imaginé d'après les résultats des fouilles au Moustier (24) et à Molodova (Ukraine).**
Dessin de Pierre Joubert.

← *La Ferrassie (24).* Les Néandertaliens et les premiers *Homo sapiens* s'y sont succédé. À la base, se trouvaient les vestiges d'une véritable nécropole moustérienne.

Comme les *Erectus*, les Néandertaliens sont omnivores. Mais quelques-uns ont été de très gros mangeurs de viande à Marillac (Charente) et à Sclayn (Belgique). Rares étaient les anthropophages. À L'Hortus (Hérault), les restes d'une vingtaine de jeunes, plus ou moins cassés, étaient mêlés aux restes alimentaires. De même à Krapina (Croatie), à Fontéchevade (Charente) et à Moula-Guercy (Ardèche).

La boîte à outils

Les outils de silex moustériens sont de plus en plus spécialisés et allégés. La taille recherche une économie du matériau pour une plus grande longueur de tranchant.

Souvent, c'est un débitage dérivé de l'Acheuléen : bifaces et outils sur éclats (racloirs, pointes, limaces, denticulés, encoches). Parfois, c'est un débitage Levallois, donnant en série de beaux éclats qui serviront pour faire de belles pointes. On trouve rarement des fragments d'os acérés et des andouillers. On ne sait rien d'éventuels outils de bois, en dehors des épieux à pointe durcie par le feu.

Cette industrie moustérienne se retrouvera chez les Proto-Cro-Magnons de Palestine.

↓ *Outils moustériens.* En haut, des outils sur éclats : un couteau, une pointe et une pointe Levallois. En bas, un biface triangulaire et un racloir.

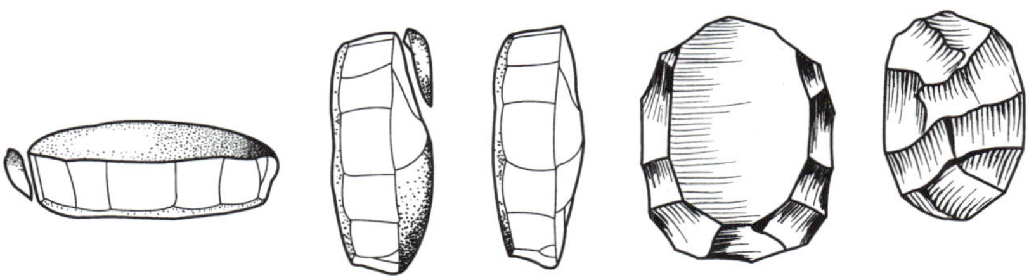

← *Le débitage Levallois.* C'est une façon très élaborée de tailler le silex pour obtenir un éclat, une lame ou une pointe de forme prédéterminée.

Que sont les Néandertaliens devenus ?

On connaît une cinquantaine de sépultures de Néandertaliens. Elles sont toutes dans des régions calcaires, dans des abris-sous-roche ou des petites grottes. Ces sépultures sont uniques ou multiples et occupent une ou plusieurs fosses creusées dans le sol.

Elles étaient réservées à certains morts choisis, adultes ou enfants. La position des corps est variable. Ils sont volontiers accompagnés d'un mobilier funéraire (os, objets, ocre rouge), qui laisse penser à une pratique rituelle.

Il y a une cinquantaine de milliers d'années, à La Chapelle-aux-Saints (Corrèze), le mort était inhumé dans une fosse avec os de renne et de bison. En Dordogne, c'était une jeune fille au Moustier ; au Roc de Marsal, c'était un enfant de 3 ans enterré dans une fosse, mais à La Ferrassie, c'était presque une nécropole (1 homme, 1 femme, 2 fœtus et 4 enfants). À Shanidar (Irak), 7 individus et 1 enfant reposaient en partie sur un tapis de fleurs des champs, selon la botaniste Arlette Leroi-Gourhan. À Teshik-Tash (Ouzbékistan), un enfant

↓ *La Chapelle-aux-Saints (17).* **Grotte dans laquelle fut découverte une sépulture néandertalienne en 1908 : un véritable caveau funéraire.**

de 10 ans voisinait avec cinq paires de cornes de bouquetin disposées en couronne. En Palestine, Amud, Kebara et Taboun étaient aussi des sépultures néandertaliennes.

Ma mort a son mystère

Les Néandertaliens ont coexisté avec les premiers Cro-Magnons européens, pendant plusieurs milliers d'années, et certains se sont métissés comme le montre l'ADN des Hommes modernes d'Europe et d'Asie. Mais on n'a trouvé aucun hybride convaincant et les habitats des Néandertaliens sont toujours plus anciens que ceux des Cro-Magnons.

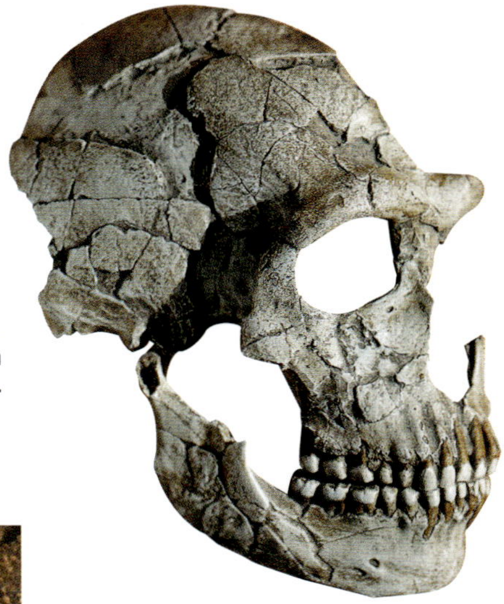

→ *Crâne de Saint-Césaire (17).* **Cette Néandertalienne, vieille de 35 000 ans, a été découverte dans un niveau châtelperronien.** Laboratoire départemental de Préhistoire du Lazaret. Nice.

↖ *Teshik-Tash (Ouzbékistan).* **Reconstitution de la sépulture d'un enfant néandertalien associée à 6 paires de cornes de bouquetin.** Exposition Muséum national d'Histoire naturelle.

Comment ont-ils disparu ? Ont-ils été submergés par les Cro-Magnons, nouveaux venus ? Sont-ils morts d'une maladie spécifique, d'un régime trop carné ? Ont-ils simplement connu l'extinction progressive d'une population trop spécialisée ? Un grand mystère. Rien n'est prouvé, mais la variation du climat a dû jouer un rôle : les derniers habitats se trouvent dans la péninsule Ibérique.

Qui étaient les derniers Néandertaliens de notre pays ? Ils sont les auteurs de la culture du Châtelperronien, au début du Paléolithique supérieur. C'est le cas de la dernière Néandertalienne connue : elle vivait il y a 35 000 ans à Saint-Césaire (Charente).

← *La Ferrassie (24).* **Gisement dans lequel les fouilles ont révélé une nécropole moustérienne, avec des fosses et des monticules.** Maquette d'une reconstitution au musée de Néandertal.

Les *Homo sapiens* archaïques : des émigrés qui vont réussir

L'ADN des mitochondries des cellules permet de remonter aux racines de l'arbre généalogique de l'*Homo sapiens* en Afrique. Ce premier Homme moderne dérive des *Homo erectus*. Les vestiges des plus anciens (200 000 ans) ont été retrouvés en Éthiopie.

Les *Homo sapiens* archaïques

Un peu plus tard, en Palestine, les plus anciennes sépultures de ces Hommes, vieilles de presque 100 000 ans, étaient abritées dans de petites grottes. Skhul a fourni 10 squelettes (dont 3 enfants). À Qafseh, gisaient les restes de 6 jeunes adultes et de 7 enfants. Parmi eux, une mère, avec son enfant de 6 ans à ses pieds, et un adolescent inhumé avec un massacre de daim.

Ces Hommes, physiquement, sont des *Homo sapiens* archaïques. Le crâne est plus haut que celui des *Erectus*, le front est relevé, le bourrelet sus-orbitaire s'amincit. Le maxillaire supérieur est moins gonflé et présente une fosse au-dessus de la canine, la mandibule s'avance en un menton. La silhouette est plus haute, moins massive.

Ces premiers Hommes modernes utilisent un outillage moustérien et vivent sans doute encore comme les Néandertaliens.

Leurs descendants, nos ancêtres directs, gagnent l'Eurasie, en plusieurs vagues. Puis ces *Homo sapiens* modernes vont lentement diffuser aux quatre coins de la planète. Ils sont attestés en Europe occidentale il y a un peu plus de 35 000 ans. En bateau, ils gagnent l'Australie, il y a environ 40 000 ans, puis l'Océanie. À pied sec, ils arrivent en Amérique il y a quelque 30 000 ans, par le détroit de Béring alors exondé.

↑ *Crâne de Qafseh (Palestine).* **C'est un Proto-Cro-Magnon. Il a encore de grosses arcades sourcilières et peu de menton.**
Laboratoire départemental de Préhistoire du Lazaret. Nice.

↓ *Parure d'Arcy-sur-Cure (89).* **Ces deux dents aménagées pour être suspendues proviennent d'un campement châtelperronien.**
Exposition Muséum national d'Histoire naturelle.

Du nouveau dans l'outillage et la parure

En Europe, au tout début du Paléolithique supérieur, vivent encore les derniers Néandertaliens. Ils coexistent avec les premiers *Homo sapiens*, les Cro-Magnons. Leur culture, le Châtelperronien, conserve des outils moustériens. Mais ils se servent aussi d'un petit couteau sur lame, à dos courbe et abattu, pointu, sans doute jadis emmanché.

Du nouveau : ils utilisent l'os pour fabriquer certains objets, comme une sagaie biconique (à Arcy-sur-Cure, Yonne), des tubes en os d'oiseau, des poinçons et des perçoirs (alênes), mais pas d'aiguilles. C'est aussi le début de la parure : des os marqués d'incisions parallèles et des dents percées ou rainurées. À la grotte du Renne d'Arcy, ils vivent dans une habitation ronde, avec des trous de poteaux pour planter des défenses de mammouth.

Ce Châtelperronien n'existe pas partout. Ailleurs, comme dans la vallée du Rhône et le Jura, persisteront tardivement les industries moustériennes.

La France des Cro-Magnons

i les principaux abris et grottes ornées (*) et les principaux gisements. Ils sont installés un peu partout.
dant la glaciation, la mer était bien plus basse. Lors du réchauffement, les habitats du bord de mer ont été
uverts par les eaux. Ils ne nous sont pas accessibles.

ouy* (76)
'erberie (60)
tiolles (91)
'incevent (94)
larsangy (89)
rcy-sur-Cure* (89)
'olgu (71)
olutré (71)
'eyrier (74)
layenne-Sciences* (53)
Ioëdic et Téviec (56)
ngles-sur-l'Anglin* (86)
ressignes, La Garenne
t Saint-Marcel (36)
a Marche (86)
e Chaffaud (86)
haire-à-Calvin* (17)
Iongaudier, Le Placard
t Roc-de-Sers* (16)
e Fourneau-du-Diable* et Rochereil (24)
'ronsac* et Villars* (24)

20 Raymonden à Chancelade (24)
21 Combe-Saunière (24)
22 Gabillou* (24)
23 Pair-non-Pair* (33)
24 Saint-Germain-la-Rivière (33)
25 Bara-Bahau*, La Ferrassie, Saint-Cirq* (24)
26 Rouffignac* (24)
27 Les Eyzies (Bernifal*, Cap-Blanc*, Les Combarelles*, Commarque*, Cro-Magnon, Font-de-Gaume*, La Grèze*, Laugerie-Basse, Laugerie-Haute, Laussel*, La Madeleine, La Mouthe*, Pataud*, Le Poisson*, Richard, Sireuil, Tursac (24)
28 Lascaux* et Sergeac (Blanchard*, Castanet*, Labattut*, Reverdit* (24)
29 La Font-Robert et Noailles (19)
30 Combe-Capelle, La Gravette, La Cavaille*, La Roche-de-Lalinde, Rabier, Le Souci et Terme-Pialat (24)
31 Cussac* (24)
32 La Martine* (24)
33 Cougnac* et Péchialet (46)
34 Gramat, Murat, Roucadour* et Sainte-Eulalie (46)
35 Pech-Merle* (46)
36 Le Rond-du-Barry (43)
37 Bruniquel et Fontalès (82)
38 Chauvet* (07)
39 La Baume-Latrone* (30)
40 Cosquer* (13)
41 Cavillon et Grimaldi (près de Menton, 06)
42 Vallée des Merveilles* (06)
43 Brassempouy, Duruthy (40) et Isturitz-Oxocelhaya* (64)
44 Labastide*, Lourdes et Lortet (65)
45 Gargas* (65)
46 Aurignac et Lespugue (31)
47 Enlène, Montespan*, Les Trois-Frères* et Le Tuc-d'Audoubert* (09)
48 Le Mas d'Azil* et Le Portel* (09)
49 Bédeilhac*, Les Églises, Fontanet*, Niaux* et La Vache (09)
50 Fornols-Haut* (66)

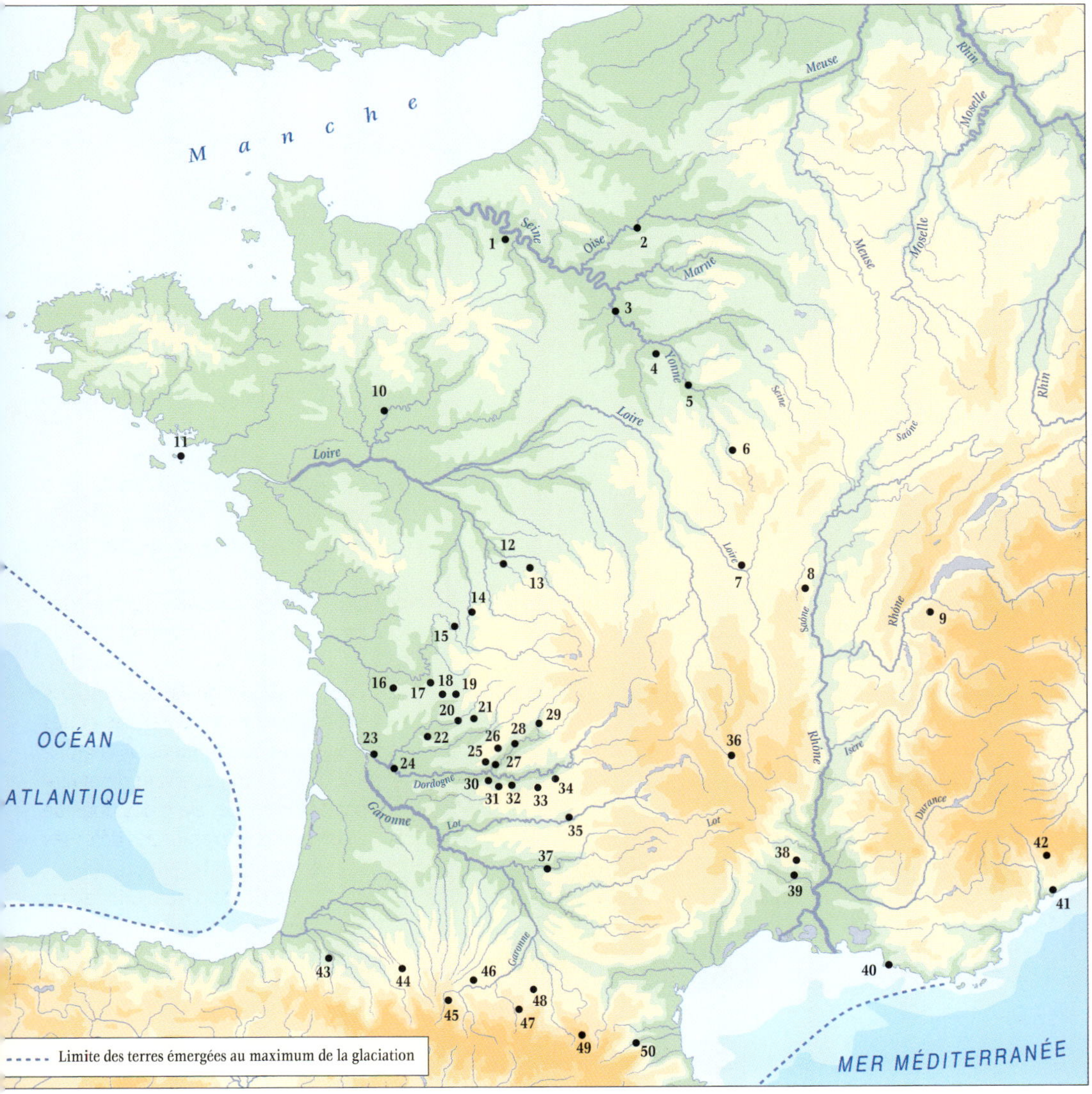

Des gens comme vous et moi

L'aspect des *Homo sapiens* est bien différent de celui des *Erectus* et des Néandertaliens. C'est le nôtre, à quelques détails près.

Le crâne est long et étroit (le nôtre est un peu plus rond). Le front est haut, vertical et bombé. En arrière de lui, pas d'étranglement. La voûte est élevée, l'occiput ne saille plus.

La face est verticale, large et basse. Les arcades sourcilières, interrompues par la glabelle, sont peu marquées. Les orbites sont rapprochées et rectangulaires. Les pommettes sont bien marquées, la saillie maxillaire réduite et la fosse canine creusée. La mandibule est légère avec un menton pointu.

Les dents sont analogues aux nôtres, mais la mâchoire reste assez longue pour loger les dents de sagesse.

→ ***Vénus de Brassempouy (40).*** **Cette statuette a été sculptée dans l'ivoire il y a environ 25 000 ans.**
Exposition Muséum national d'Histoire naturelle.

↓ ***Crâne de Cro-Magnon (24).*** **Ce « vieillard » d'une quarantaine d'années vivait il y a 28 000 ans dans l'abri Cro-Magnon au bord de la Vézère.**

Le cerveau est le même que le nôtre (1 500 ml environ). Il est bien développé au niveau des lobes frontaux, siège de l'intelligence la plus déliée, de la pensée symbolique. C'est le cerveau de l'Homme qui

sait (*Homo sapiens*) : il va révolutionner l'outillage, les techniques et inventer l'art.

Il a la même intelligence que nous, l'acquis culturel en moins. Il parle comme nous. Mais on ne connaît pas sa langue.

Sa silhouette est celle d'un sportif, avec une stature élevée (environ 170 à 180 cm, et 160 cm chez la femme) et, sur les os, des insertions musculaires bien saillantes sont l'indice d'une bonne activité physique et d'une ration protidique élevée.

Bien sûr, il y a des variations individuelles et on ne connaît que le squelette de ces Hommes. Les « parties molles » ont disparu depuis longtemps.

On ne dispose guère de portraits fidèles. Dans l'art préhistorique, les visages sont peu détaillés, sauf exceptions. On connaît quelques portraits d'hommes, rarement barbus, et de femmes, à la chevelure bien peignée. La couleur de la peau n'est jamais indiquée. Sur les dessins des femmes préhistoriques, on observe souvent un embonpoint au niveau des hanches et des fesses.

↑ ***Figure féminine schématique de La Gare de Couze (24).***
C'est la représentation très simplifiée d'une femme vue de profil. La tête et les jambes ne sont pas figurées.
Musée national de Préhistoire, Eyzies.

←↑ ***Homme de la grotte de Saint-Cirq-du-Bugue (24).***
Cette gravure orne le plafond d'une petite grotte. L'homme, baptisé « sorcier », est figuré de profil les bras tendus.

Camps de base et haltes de chasse

Durant la fin de la glaciation de Würm, les Cro-Magnons d'Europe ont connu un climat souvent rigoureux. Les glaces couvrent le nord de l'Europe jusqu'à Londres, les Alpes jusqu'à Lyon. Au printemps, les alluvions des rivières recouvrent les campements, comme à Pincevent (Seine-et-Marne). Le niveau des mers est 100 m plus bas que le nôtre : les habitats des Cro-Magnons maritimes sont donc aujourd'hui immergés.

Notre pays est une steppe avec des arbres en boqueteaux par-ci par-là et le long des rivières. Lors des périodes de réchauffement, comme au temps de Lascaux, les paysages ressemblent aux nôtres.

Le feu et des vêtements bien chauds protègent bien. On voit venir de loin les grands troupeaux. Le gibier est abondant et les aliments se conservent bien. Plus tard, il sera bien plus difficile de vivre en climat tempéré, dans les forêts.

De jeunes chasseurs-cueilleurs semi-nomades

Les Cro-Magnons sont de jeunes chasseurs-cueilleurs semi-nomades. Ils guettent, à la belle saison, les migrations des rennes et la montaison des saumons.

Il y a quelques dizaines de milliers de personnes en France. Il n'y a donc pas de concurrence sur le terrain. La violence est inconnue : aucun squelette ne porte de traces d'une agression traumatique explicite.

On se partage le travail. Comme dans tous les temps dits « primitifs », l'homme prépare les outils et les armes, et chasse quelques heures par jour ; la femme, accompagnée des enfants, s'active à la cueillette et aux travaux de l'habitat, tout au long de la journée.

En plein air, on s'abrite volontiers sous des tentes-cabanes de plan souvent circulaire ou ovale. Sous les rochers, les cabanes s'adossent à la paroi des

→ ***Autour du foyer sous l'abri.***
Tournage d'un film pour le musée de l'Abri Pataud aux Eyzies (24).

abris-sous-roche ou des porches de grottes. On n'habite pas dans les grottes profondes. À la base de ces huttes, on retrouve parfois une couronne de blocs ou un bourrelet de terre périphérique, des trous de poteaux et la trace d'un pavement ou d'un tapis.

Le camp de base regroupe une ou plusieurs « familles nucléaires » : deux à trois dizaines de personnes. Un groupe trop réduit ne pourrait pas s'entraider pour la chasse ; un groupe trop nombreux ne pourrait survivre. Ainsi, à Pincevent, le campement dit « section 36 » avait abrité une quinzaine de personnes consommant une quarantaine de rennes en 5 ou 6 mois. On rayonne autour du camp de base et la halte de chasse fournit un abri provisoire à quelques chasseurs.

↑ ***Un campement magdalénien.*** **Le dessin est inspiré par les fouilles de Pincevent, au bord de la Seine.**
Dessin de Pierre Joubert.

Les hommes vont chercher des épouses dans les groupes voisins. C'est l'occasion d'échanger des techniques et des idées, et aussi des objets, comme le beau silex ou les coquillages. Les méthodes de taille, les styles et les grands thèmes artistiques se retrouveront de l'Espagne à l'Europe centrale.

→ ***Une femme Cro-Magnon.*** **Elle est en train de coudre un vêtement de peau.**
Parc archéologique du Thot (24).

↓ ***Un chasseur Cro-Magnon.*** **Il lance, au propulseur, une arme de jet armée d'une pointe de sagaie.**
Parc archéologique du Thot (24).

Se vêtir et se nourrir

→ *Le jeune prince d'Arene Candide (Italie).* **Cet adolescent, mort il y a environ 20 000 ans, a été enterré avec une coiffure garnie d'un grand nombre de perles.**
Laboratoire départemental de Préhistoire du Lazaret. Nice.

On est loin des représentations misérabilistes des Hommes du Paléolithique, chères aux dessinateurs de naguère.

Les vêtements des Cro-Magnons sont confectionnés avec des peaux grattées, sans doute tannées à l'ocre rouge, bien coupées et cousues. Le pelage aux poils creux du renne et ceux des animaux à fourrure (canidés, ours, félins) sont de bons isolants.

On coud à l'aide de poinçons en os, de perçoirs de silex. À partir du Solutréen, il y a 18 000 ans, des aiguilles à chas servent de passe-lacet pour les fibres des tendons des rennes et les minces rubans de cuir.

Surtout, des sépultures ont livré des ornements matérialisant l'aspect des vêtements sur lesquels ils étaient cousus (veste et pantalon, pagnes). On les retrouve sur certaines statuettes féminines. Ailleurs, une sorte d'anorak enveloppe les femmes dessinées sur une paroi de grotte ou sur un objet. Les femmes des statuettes portent une résille ou une coiffe sur les cheveux. Les bonnets des hommes sont parfois ornés d'une décoration très chargée de perles osseuses. Des boutons et rondelles d'os sont ornés d'animaux gravés. Des ceintures sont bien visibles sur des statuettes féminines.

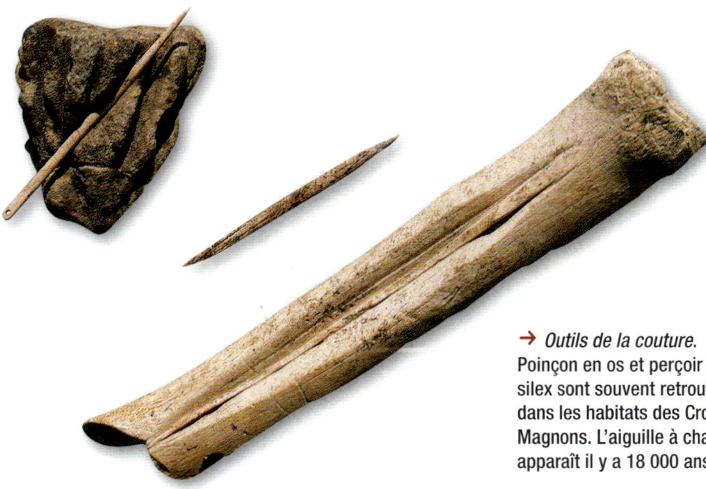

↓ **Une aiguille à chas en os et le polissoir ayant servi à la polir.**
Musée national de Préhistoire des Eyzies (24)

→ *Outils de la couture.* **Poinçon en os et perçoir en silex sont souvent retrouvés dans les habitats des Cro-Magnons. L'aiguille à chas apparaît il y a 18 000 ans.**

Des mocassins de cuir ont imprimé leurs empreintes sur le sol de la caverne de Fontanet (Ariège). Ailleurs, ce sont plus souvent des empreintes de pieds nus.

Des nutritionnistes experts

Les Préhistoriques se nourrissaient très convenablement. Sans cela, ils n'auraient pas pu survivre et évoluer.

Leur ration énergétique est estimée à environ 3 000 kilocalories, soit plus que nous, car ils sont actifs, sans moyen de locomotion, sans chauffage permanent.

La ration couvre leurs besoins en protides (viande et poissons), en glucides (farineux et baies), en lipides (graisse animale, moelle et cervelle, poissons, noix et noisettes), en sels minéraux et en vitamines. On ne trouve pas sur les squelettes de signes notables de maladies carentielles.

Durant les épisodes froids, les végétaux manquent et les glucides, carburant de nos muscles et de notre cerveau, font défaut. On suppléait à ce manque en augmentant la ration de viande et de graisse.

Depuis 400 000 ans environ, l'Homme a fait cuire ses viandes et ses végétaux. Il y avait des foyers dans tous les campements.

L'approvisionnement en gibier, en poisson, en végétaux était certainement épisodique. Il fallait donc faire des réserves. On a retrouvé, dans toute l'Europe centrale, des fosses, contenant encore de nombreux os de gibier, et des traces de séchage et de boucanage.

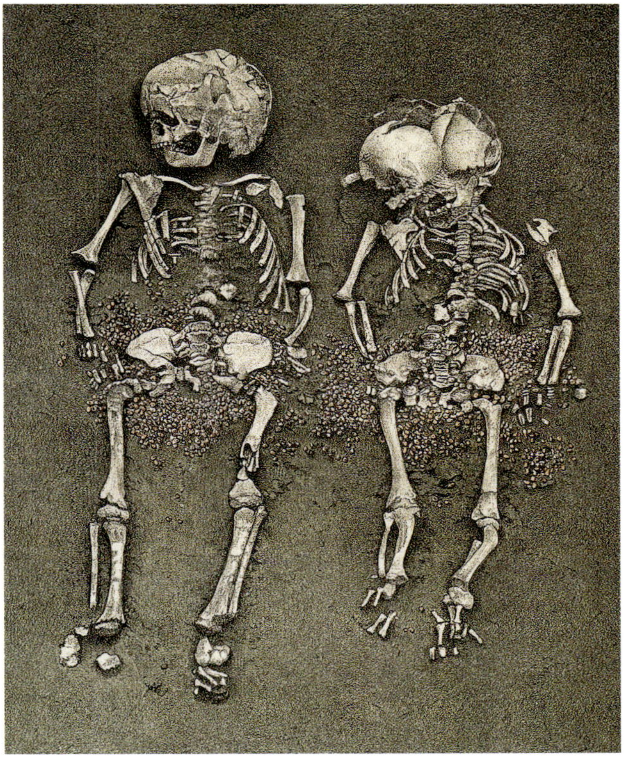

↑ *Les enfants de Grimaldi (06).*
Il y a environ 25 000 ans, ces deux petits enfants (3 et 5 ans) ont été enterrés habillés d'une sorte de pagne recouvert de perles cousues.
Lithographie de J. Pilloy (1887).

← *Une empreinte de pas dans la grotte de Niaux (09).*
C'est l'empreinte d'un pied nu qui s'est enfoncé dans le limon du sol il y a environ 12 000 ans.
Musée de Foix (09).

D'habiles artisans

Tout au long du Paléolithique supérieur, les Hommes demeurent les mêmes. Leurs outils, restés dans le sol, ont permis de définir diverses périodes successives.

Leur outillage de base, en silex ou autres pierres dures, se compose de couteaux, de grattoirs et de burins. Avec le temps, certains outils de pierre connaissent des modes successives. Ces « fossiles directeurs » s'ajoutent au fonds commun.

Le Magdalénien fabrique beaucoup d'objets en matière dure d'origine animale (os, bois de cervidé, ivoire) : sagaies, baguettes, spatules, lissoirs, tubes, propulseurs et bâtons percés, foënes et harpons. La pointe de sagaie, à emmancher sur une hampe de bois, est une arme de chasse courante. Ces objets, surtout ceux d'usage prolongé, sont alors souvent ornés de gravures ou de sculptures. L'expérimentation a permis de bien connaître le travail du silex, de l'os et du bois de cervidé, et l'usage des outils.

↑ *L'outillage de base en silex de Cro-Magnon* : **une lame, un grattoir et un burin.**

De vraies manufactures

On a découpé le temps des Cro-Magnons en fonction de leurs outils de pierre et d'os en quatre grandes subdivisions : les Aurignaciens (il y a 35 000 à 28 000 ans), les Gravettiens (il y a 28 000 à 20 000 ans), les Solutréens (il y a 20 000 à 17 000 ans) et les Magdaléniens (il y a 17 000 à 11 000 ans). Chacun de ces groupes est défini par des particularités technologiques. La

← *Une leçon de taille.* **La fabrication d'outils bien déterminés exigeait certainement une longue pratique et les conseils des anciens.**

Parc archéologique du Thot (24).

Dans l'outillage des Aurignaciens :

Dans l'outillage des Gravettiens :

Dans l'outillage des Solutréens :

Dans l'outillage des Magdaléniens :

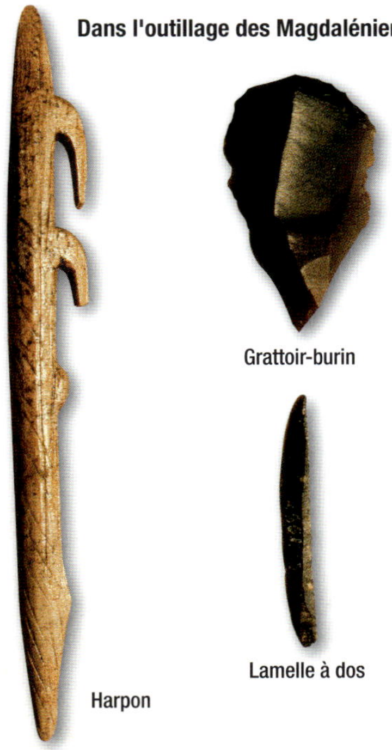

↑ *Les outils caractéristiques de chaque civilisation du Paléolithique supérieur.*

séquence de quelques grandes stations repères (par exemple, en Dordogne, La Ferrassie, Pataud, Laugerie-Haute et La Madeleine) permet ainsi de retracer une évolution assez précise des cultures successives des Cro-Magnons.

Le mobilier retrouvé est sans doute bien incomplet. Il manque les objets en bois, en cuir, en écorce, en corde, en filet… Certaines cultures varient suivant les régions et, parfois même, ont une aire limitée : les Solutréens sont présents essentiellement entre Loire et Pyrénées et en Espagne, alors que les Magdaléniens n'atteignent pas la Méditerranée.

Ces coquets Cro-Magnons

Durant tout le Paléolithique supérieur, et même un peu avant (au Châtelperronien), on fabrique des bijoux de pierre (galets, stéatite, silex, ambre, jais). D'autres sont faits d'os, de bois de renne ou d'ivoire. Ce sont d'innombrables perles et décors de bonnets, de colliers ou de bracelets. On utilise aussi des dents de canidés, d'ours ou de félins, et même des canines atrophiées de renne ou craches, qui plaisent beaucoup. Voici des fragments de tubes d'os longs ou encore de plus grosses pièces d'ivoire formant bracelet. Le décor est simple : quelques traits gravés en I, L, S, X ou Y, par exemple. Il est parfois plus complexe, sur de vraies pendeloques gravées.

L'abri Duruthy (Landes) a fourni, dans le Magdalénien supérieur, une cinquantaine de dents de lion et d'ours perforées. Ces souvenirs de grandes chasses sont ornés de poissons, de phoques et de signes. Les coquillages, contemporains ou fossiles, arrondis ou allongés, sont également utilisés. On va même jusqu'à imiter des dents et des coquillages : c'est le début du toc, à Pataud ou à Lascaux.

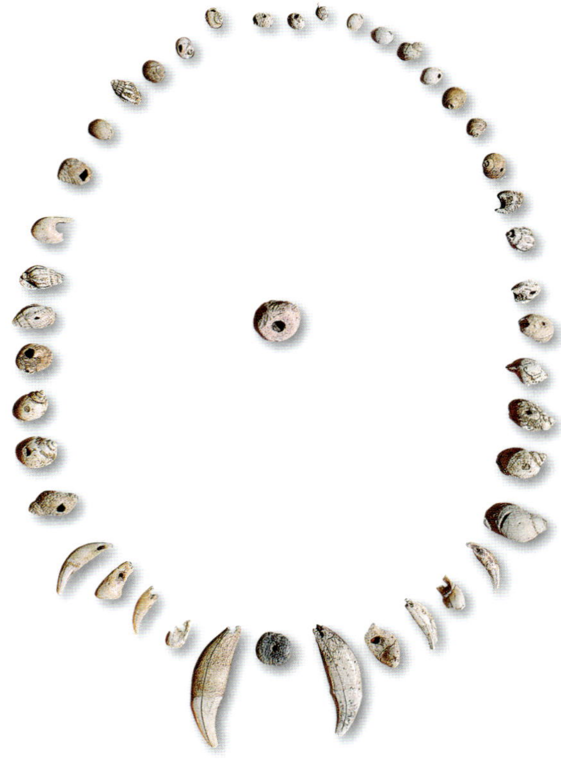

↑ *Collier de Sergeac (24).* **Cette parure aurignacienne est un montage réalisé avec quelques-unes des nombreuses perles découvertes éparses dans un site de Sergeac.**
Musée de Sergeac (24).

← *Les perles de Pataud (24).* **Ces perles en ivoire, peut-être montées en collier, accompagnaient une jeune femme, morte en mettant au monde son bébé, il y a environ 20 000 ans.**
Musée de l'Abri Pataud (24).

Colliers, bracelets et *pin's*

Comment porter ces belles choses ? À l'origine, une perforation ou une rainure permet de fixer un lien de suspension autour du cou, de coudre l'objet sur le vêtement, la coiffe ou le bandeau, d'en juxtaposer plusieurs en collier ou en bracelet. La mode, c'est de porter des dents et des coquilles enfilées aux poignets, bras, chevilles ou encore juste au-dessus des seins. On le voit sur les dessins, par exemple sur des plaquettes gravées de Laugerie-Basse (Dordogne) ou d'Isturitz (Pyrénées-Atlantiques), des plaques de La Marche (Vienne) ou sur des statuettes de Kostienki (Russie).

↑ *Parure du Souci (24).*
Elle est faite de plusieurs variétés de dents percées.
Musée d'Art et d'Archéologie de Périgueux (24).

Les bijoux, cousus sur les vêtements et coiffures, sont des sortes de *pin's*. Ils portent des traces d'usure. Qui portait ces bijoux ? Les sépultures le montrent : des femmes, des hommes et des enfants. Sans doute des notables ou des privilégiés.

Des objets curieux, il y en a. Ce sont des rondelles énigmatiques découpées sur une omoplate (avec animal gravé), des pendeloques pisciformes et des contours découpés. À Labastide (Hautes-Pyrénées), une vingtaine de têtes de chevaux et de bisons, façonnées sur un os hyoïde de cheval (un os de la gorge qui en a naturellement la forme), furent sans doute les éléments d'un collier.

↑→ *Bracelets du Fourneau-du-Diable (24).*
Ce sont des bijoux de matière osseuse.
Musée national de Préhistoire des Eyzies (24).

↑ *Rondelle de Laugerie-Basse (24).*
Elle est ornée d'une biche ou d'un chamois. C'était peut-être un bouton.
Musée d'Art et d'Archéologie de Périgueux (24).

← *Une sipho de Lascaux (24).*
Ce coquillage a été aménagé par sciage pour être suspendu. Il a été perdu dans Lascaux il y a 17 000 ans.
Musée national de Préhistoire des Eyzies (24).

← *Un bijou en toc de Lascaux (24).*
Ce galet, perdu à Lascaux il y a 17 000 ans, conserve les traces d'un essai de sculpture et de perçage pour imiter un élément de parure.
Exposition Muséum national d'Histoire naturelle.

L'art au quotidien : objets et abris

Dans les habitats paléolithiques, de toute l'Europe jusqu'à la Sibérie, l'art de plein air est représenté par d'innombrables objets, faits de pierre ou d'os, de bois de renne, de dents et d'ivoire de mammouth, par des statuettes et par le décor des parois de certains abris-sous-roche. D'exceptionnelles figurines en terre cuite ont été découvertes en Tchéquie.

Les sujets sont des animaux, moins souvent des humains, complets ou parcellaires, et des signes géométriques. Ils sont gravés ou sculptés en bas relief, presque jamais peints.

Les objets non utilitaires sont des plaquettes ou des galets. Les objets utilitaires, d'usage prolongé (bâtons percés ou propulseurs), sont très décorés, contrairement à ceux d'usage bref (pointes de sagaie ou de harpon). Les lampes de pierre sont parfois gravées de quelques signes (Lascaux, 24), voire d'un dessin animalier (La Mouthe, 24).

Les statuettes les plus fréquentes sont les « vénus », surtout gravettiennes. Les traits de leur visage sont souvent absents et les extrémités inférieures négligées. Elles présentent souvent des seins tombants, un abdomen gravide et une obésité au niveau des hanches et des fesses. D'autres, magdaléniennes, sont plus rares et moins enrobées. Quelques sujets ont été moins souvent figurés : animaux, phallus.

Entrez dans la danse

Certains Cro-Magnons ont été des musiciens. Ils avaient des flûtes droites à trous, faites d'un os de gros oiseau, parfois ornées de traits parallèles ou de chevrons.

Des phalanges de renne, trouées par les loups, furent peut-être utilisées comme sifflets ou appeaux. De longues pendeloques, avec un trou de

↓ *Pendeloque de Raymonden (24).* **Le trou de suspension (à gauche) est cassé. Le décor semble raconter une histoire, peut-être un partage de gibier après une chasse au bison.** Musée d'Art et d'Archéologie de Périgueux (24).

←← *La Vénus de Lespugue (31).* **Cette statuette en ivoire est remarquable par le volume de ses hanches et de ses fesses. Ses cuisses sont cachées par un pagne triangulaire.** Photo Leroi-Gourhan, collection Delluc.

← *La Vénus de Laugerie-Basse (24).* **Sa tête et ses membres supérieurs font défaut. C'est le portrait d'une toute jeune fille. Elle n'a pas de seins.** Laboratoire départemental de Préhistoire du Lazaret. Nice.

suspension, semble avoir fait office de rhombes : elles vrombissaient en tournoyant au bout d'une lanière.

Des ossements plats de mammouths, ainsi qu'une sorte de maillet en bois de renne, provenant de Mezine (Ukraine), semblent avoir servi d'instruments de percussion. Quelques bâtons en bois de renne, ornés d'aspérités régulièrement espacées, pouvaient être raclés. Peut-être aussi, certaines draperies stalagmitiques ont-elles joué le même rôle sous terre.

Les abris-habitats ornés

À la vue de tous, les parois de quelques abris-sous-roche ayant abrité des habitats étaient décorées de sculpture, de gravure et même de peinture (aujourd'hui mal conservées). On en retrouve aussi sur les écailles rocheuses détachées par le gel. De tels décors sont bien conservés à Pataud, à l'abri du Poisson, à Cap-Blanc et à Reverdit (24), ou encore au Roc-de-Sers (16) et au Roc-aux-Sorciers (Angles-sur-l'Anglin, 86).

↑ *Le grand cheval de Cap Blanc (24).* **Ce cheval, grandeur nature, est sculpté en un profond bas-relief sur la paroi d'un abri habitat magdalénien.**

← *Le bœuf musqué de Laugerie-Haute (24).* **Dans les habitats des Cro-Magnons, on trouve parfois des statuettes animales faites sur des blocs de pierre (comme ici) ou sur os.**
Musée national de Préhistoire des Eyzies.

L'homme et la chasse

↓ *Une pointe de sagaie de Lascaux (24).* **Cette pointe en os est décorée de points et de tirets disposés en étoile. On trouve le même signe gravé sur les parois de la grotte.**
Musée national de Préhistoire des Eyzies.

Chez tous les peuples chasseurs-cueilleurs, les hommes fabriquent et réparent les armes, pratiquent la chasse et la pêche au harpon, quelques heures par jour. Parfois, les femmes rabattent le gibier, l'assomment ou l'extraient du sol avec le bâton à fouir.

Les animaux ne manquent pas. Les Cro-Magnons choisissent leur gibier. Quand le climat est froid, c'est avant tout le renne, qui migre à la belle saison. Rarement, c'est l'énorme mammouth. Dans la steppe, paissent les chevaux et les bisons, les saïgas, les bœufs musqués, les mégacéros. Les bouquetins et les chamois n'ont pas encore gagné le refuge des montagnes. Félins, canidés et ours bruns fournissent fourrures et dents pour les vêtements et les bijoux. Le redoux favorise les aurochs, les cerfs, les biches et les sangliers.

La petite faune est parfois chassée, faute de mieux. Les os des oiseaux, piégés ou tués, deviendront des tubes et leurs plumes des empennages. Les oiseaux sont peu figurés dans les grottes, tout comme les rennes, les poissons et les plantes : l'art des cavernes n'est pas un art du quotidien.

↑ *Une pointe de harpon de Rochereil (24).* **C'est l'arme de pêche à partir du Magdalénien. Emmanché sur une hampe de bois, il peut s'en détacher grâce à une lanière.**
Musée de Brantôme.

Le gibier ne manque pas

Plus que l'épieu, l'arme est la sagaie. Sa pointe est extraite d'un bois de renne, redressé grâce à un bâton percé. Elle est emmanchée, ajustée grâce à du mastic résineux, ligaturée sur une hampe de bois et empennée. Dès le Solutréen, la sagaie est lancée au propulseur. Des fouënes et des fourchettes ont sans doute servi pour frapper des oiseaux ou des poissons. L'arc a probablement été inventé à cette époque car certaines pointes de silex semblent avoir été des pointes de flèches.

Les Cro-Magnons connaissent les techniques de boucherie et de récupération des peaux et des tendons. Les belles

← *Un bâton percé de Laugerie-Basse (24).* **On pense que cet outil, souvent décoré de gravures et de sculptures, était utilisé pour redresser les pointes de sagaie.**
Laboratoire départemental de Préhistoire du Lazaret. Nice.

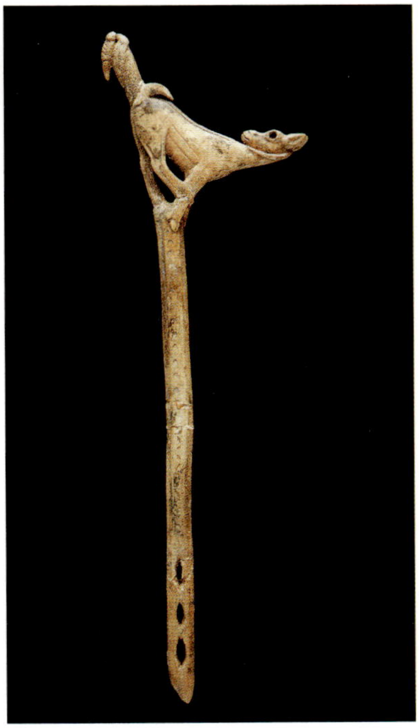

pièces sont rapportées au camp et partagées : le renne est, tout à la fois, un garde-manger, une boîte à outils et un coffret à bijoux.

Comme tous les chasseurs-cueilleurs, ils pratiquent surtout la chasse collective, avec battue et rabattage. Les saisons rythment leur vie. Au bord de la rivière, ils pourront capturer, lors de leurs migrations, les rennes qui traversent et les saumons qui remontent. Le reste du temps, autour du camp, ils pistent et chassent le gibier local.

Ils préfèrent les saumons, truites et brochets aux petits cyprinidés. On connaît quelques hameçons droits et, surtout depuis une quinzaine de milliers d'années, de nombreux harpons à barbelures en bois de renne. On n'a guère d'informations sur la pêche maritime : depuis cette époque, le climat s'est réchauffé et les campements des Cro-Magnons côtiers sont immergés sous une centaine de mètres d'eau.

↑ *Le bâton percé de Lorthet (65).*
Son décor apparaît sur ce moulage en déroulé de son fût cylindrique : un passage de rennes au printemps et des saumons qui remontent vers la frayère.

→ *Propulseur au faon du Mas d'Azil (09).*
Le propulseur permettait au chasseur d'envoyer son arme de jet plus loin et plus fort.
Musée Ladevèze du Mas d'Azil. Photo RMN.

← *Scène de l'homme et du bison. Grotte de Villars (24).*
L'art paléolithique ne raconte jamais d'histoire. Villars et Lascaux (avec la scène du Puits) sont des exceptions.

Les femmes et les enfants

↓ ***Le petit enfant paléolithique* accompagne sa mère. Il n'est pas représenté sur les parois des grottes ornées.**
Préhistoparc de Tursac.

La vie des femmes est rythmée par les grossesses. Comme dans tous les peuples chasseurs-cueilleurs, elles connaissent une puberté tardive. Elles n'ont pas une ribambelle d'enfants : les allaitements prolongés réduisent la fécondité et la mortalité infantile est élevée. Elles meurent jeunes des suites de couches.

Les enfants meurent souvent en bas âge, vers 2 ans, à l'âge du sevrage : on ne passe pas si facilement du sein maternel au rôti de renne dans l'abri familial. Plus tard, le jeune Cro-Magnon aura du mal à atteindre l'âge adulte.

Que sait-on d'eux ? Certains ont eu peut-être des jouets : une poupée articulée, vieille de 22 000 ans, a été retrouvée en Tchéquie. Il leur arrive de faire des incursions dans les grottes profondes en Ariège. Ils sont parfois enterrés avec leur mère, comme à l'abri Pataud et à Cro-Magnon (Dordogne), sans doute à la suite d'un drame obstétrical, ou, plus grands, dans quelques cas, dans une sépulture.

La femme ne chôme pas

Son domaine est la cueillette, la maison et les enfants. Cette cueillette est une activité très importante de la vie du groupe. Les végétaux devaient apporter environ 80 % de la ration énergétique journalière, lors des épisodes tempérés, et au minimum 20 % lors des épisodes les plus froids. On a cru longtemps que l'Homme de l'âge du Renne se nourrissait, exclusivement, de viande. Les physiologistes nous ont appris que l'Homme ne peut pas vivre en se nourrissant seulement de viande. Tout démontre que les Hommes furent omnivores depuis l'origine.

← ***La femme paléolithique ne chôme pas.* Comme chez tous les peuples chasseurs-cueilleurs, elle s'occupe des enfants et de mille tâches quotidiennes.**
Parc archéologique du Thot.

→ *La Vénus de Pataud.* **Petit bas-relief sur un bloc de rocher. Il représente une toute jeune femme dont la grossesse commence juste à se voir.**
Musée de l'Abri Pataud (24)

↓ *Un bouchon d'outre du Fourneau-du-Diable (24).* **Lorsque le lieu de vie est un peu éloigné de la rivière, il faut transporter l'eau dans des outres.**
Musée National de Préhistoire des Eyzies

L'étude des pollens, la palynologie, nous a permis de savoir de quels végétaux ils disposaient. Longue est la liste des plantes comestibles présentes chez nous durant la glaciation de Würm. Sauf aux périodes très froides, la cueillette apporte au moins la moitié des besoins énergétiques quotidiens. En outre, les femmes de Cro-Magnon, lors de leur quête quotidienne, ne manquaient certainement pas de ramasser des petits animaux, des œufs et du bois mort pour le foyer.

Certains habitats paléolithiques sont éloignés de la rivière et de la source. Il fallait donc transporter l'eau dans des outres faites de peaux, de vessies ou de poches stomacales. On a retrouvé des bouchons d'outre, faits de matière osseuse. Peut-être les Paléolithiques ont-ils tenté, comme beaucoup de peuples chasseurs sub-actuels, de fabriquer des boissons alcoolisées sommaires, par fermentation des baies, et de fabriquer des tisanes.

Dans le secret des cavernes

L'art des cavernes est un art caché sous terre, en France (Sud-Ouest, Pyrénées, Ardèche surtout), Espagne et même Sicile et Europe centrale, depuis l'arrivée des Cro-Magnons jusqu'à la fin de la glaciation de Würm (- 35 000 à - 10 000 ans). On le date le plus souvent par comparaison avec celui des objets ornés, trouvés en stratigraphie ; parfois par le carbone 14 si les traits de peinture ont été tracés au charbon.

Dès le début, toutes les techniques ont été maîtrisées pour graver et sculpter, dessiner et peindre. Sur le rocher, à l'aide d'un silex coupant ou d'un os pointu, le graveur trace un trait incisé. En creusant au pic le contour de sa figure, il la fait apparaître en bas relief. Le peintre trace une figure au trait. Il peut la compléter en remplissant l'intérieur du contour avec une ou deux couleurs. Les pigments sont des ocres (oxydes de fer, jaunes, bruns et rouges), du manganèse noir ou du charbon de bois, préparés à l'aide de mortiers et pilons et mélangés parfois avec un liant sableux et de l'eau. Les pigments sont appliqués au doigt, au pinceau végétal ou au tampon de poils. Ailleurs ils sont crachés, postillonnés sur la paroi délimitée par un cache.

Dans les grottes, assez souvent, peintures et gravures utilisent les particularités des lieux, les reliefs et les creux des supports. Sous terre, il faut s'éclairer avec des lampes ou des torches, vaincre des obstacles avec agilité, cheminer parfois longtemps.

→ ***Chevaux gravés ou peints.*** **Le cheval est le thème le plus fréquemment représenté sur les parois des grottes : à Pair-non-Pair (33), à Lascaux (24), à Niaux (09).**

↑ *Salle du fond de la grotte Chauvet (Ardèche).*
Groupe de félins superposés.
Photo MCC-DRAC Rhône-Alpes.

↑ *La Salle des Taureaux de Lascaux.* **Deux aurochs face à face encadrent un cheval (en haut) et un groupe de cerfs (en bas).**
Photo A. Glory. Muséum national d'Histoire naturelle.

Les premiers Cro-Magnons ont décoré aussi bien des petites grottes, au décor modeste, que quelques grandes cavernes, au décor majestueux : Pair-non-Pair (33), Chauvet (07), Pech-Merle, Cougnac (46), Cussac (24).

Les animaux en 3D

Les Magdaléniens sont les auteurs de la majorité des grottes profondes ornées. Leur art va du baroque de Lascaux jusqu'au réalisme quasi photographique de Niaux (Ariège), Altamira (Espagne), Font de Gaume, les Combarelles, Rouffignac et Teyjat (Dordogne). Il se termine avec le schématisme de petites grottes en Dordogne et en Normandie.

Les artistes cherchent à rendre la perspective, l'animation, la ressemblance avec le modèle, mais ils réalisent aussi des tracés abrégés ou cursifs et des dessins symboliques énigmatiques : les signes géométriques. Ils demeurent des artistes, avec des manies d'atelier qui scandent les différentes périodes.

→ *Lampe de Lascaux.*
Dans la caverne, on a trouvé plus de 100 lampes faites de dallettes de calcaire. Cette lampe en grès rose polie a été découverte dans l'endroit le plus reculé.

← *Un crayon d'ocre de Lascaux.*
Un peu partout dans la caverne, on a trouvé de l'ocre rouge ou jaune et du manganèse noir, en poudre ou en crayon.

Voyage au bout de la nuit de Gibraltar à l'Oural

↓ *La scène du Puits de Lascaux.* **C'est une exception dans l'art paléolithique : il se passe quelque chose entre l'homme étendu et le bison blessé fonçant. Mais on ne sait pas l'expliquer.**
Photo A. Glory. Muséum national d'Histoire naturelle.

On a d'abord cru que l'art des cavernes était l'expression d'un élan esthétique. Puis, on l'a rattaché aux pratiques classiques en ethnologie : magie, sorcellerie, totémisme, chamanisme… André Leroi-Gourhan, conscient du caractère très organisé des thèmes et de la topographie des grottes ornées, a émis l'hypothèse de véritables religions de la Préhistoire.

Dans les grandes grottes, comme Lascaux, on observe bien cette organisation de « sanctuaire » : la dyade cheval-bovin occupe en général les panneaux centraux. Les animaux féroces (rhinocéros, félins) et l'homme sont souvent relégués dans les recoins.

Du matériel a été abandonné au sol par les artistes. Des dépôts, silex ou fragments osseux insinués dans des fissures, évoquent des « ex-voto », dans quelques cavernes d'Ariège ou de Dordogne. Des traces sur les parois semblent montrer que certaines œuvres ont été modifiées, comme utilisées.

Qui étaient les artistes ? Certainement des professionnels au service de la spiritualité de leur groupe ou des groupes de la région. Les grottes profondes sont souvent protégées par un long trajet sous terre, voire par des chatières ou une escalade. Parfois, comme à Lascaux, les artistes se sont installés, avec des échafaudages et des mâts de perroquet. Ailleurs, ils ont cassé des concrétions pour mettre en scène leurs œuvres.

Ces grottes accueillaient-elles de rares personnes ou de plus nombreux pèlerins ? Exceptionnels sont les lieux ayant servi de sépulture.

Des dessins sans commentaire

Les principaux thèmes figurés sont les grands herbivores : avant tout chevaux et bisons, et aussi aurochs, cervidés, bouquetins, mammouths. Parfois d'autres animaux jouent un rôle majeur : les

← Les chevaux ponctués de Pech-Merle (46). La signification de ce panneau complexe nous échappe : 2 chevaux croupe à croupe, 6 mains négatives, 224 points noirs et 28 rouges et 1 poisson.

rhinocéros et les félins à Chauvet, les mammouths à Rouffignac. Les humains complets ou abrégés (mains, sexes) sont bien moins fréquents.

Le troisième sujet est représenté par des dessins géométriques énigmatiques (ovales, carrés, bâtonnets, ponctuations isolés ou groupés). Certains sont très caractéristiques d'une région et d'une époque.

Enfin, on ne voit jamais figurer les paysages, les arbres, le ciel, le soleil, la lune, et, très rarement, les objets, la petite faune, le visage des humains, le sang, la souffrance et la mort.

La syntaxe qui unissait ces sujets est perdue. Sans scène narrative, ils n'ont pas de liens entre eux, sauf exceptions. C'est l'énigme que nous pose encore l'art des ténèbres.

↑ ***Le grand plafond de Rouffignac (24).*** **C'est le point d'orgue de la visite de cette immense grotte, où plus de 100 mammouths sont dessinés ou gravés avec de nombreux détails.**
Photo J. Plassard.

↓ ***Le Salon noir de Niaux (09).*** **Deux bisons se font face, associés à des chevaux et des bouquetins.**
Photo J. Clottes.

Petites misères et grands malheurs

Les Cro-Magnons, comme nous, connaissent des petites misères : l'arthrose, la scoliose, l'*hallux valgus* (le gros orteil en « oignon ») et, surtout chez les hommes, des fractures. Des ennuis dentaires, aussi : ici une dent surnuméraire infectée, de nombreuses infections gingivales et des parodontopathies par manque d'hygiène aboutissant à la chute des dents. Mais jamais de carie, car l'alimentation est coriace, sans purées ni sucres rapides. Les dents pourtant s'usent vite car on ne fait pas trop attention au sable qui se glisse dans la nourriture.

Regardons bien les squelettes. On ne découvre pas de stigmates de carence nutritionnelle majeure, pas de tuberculose ni de cancer osseux, pas d'accident grave ayant entraîné la mort. Une exception : le jeune chasseur de Chancelade. Enfant, il a été victime d'une fracture du crâne, enfonçant l'os temporal. Il a survécu et convalescent, il a dû faire l'objet d'une assistance nutritionnelle par une tierce personne. Quelques autres invalides ont dû bénéficier également d'une telle aide.

↑ ***Crâne de Raymonden (24).*** **Lorsque ce jeune homme avait une dizaine d'années, il a été victime d'une fracture de l'os temporal, suite à un traumatisme, mais il a survécu.**
Exposition Muséum national d'Histoire naturelle.

Une curiosité chez le « vieillard » de Cro-Magnon : plusieurs lésions osseuses, au niveau du front, de la mâchoire et des vertèbres, causées par une maladie rare mais non maligne de la moelle osseuse : l'histiocytose langheransienne.

D'opulentes vénus

Un millier de dessins et de sculptures représentent des hommes et surtout des femmes. Chose curieuse, les dames du Gravettien présentent souvent un embonpoint d'origine hormonale au niveau des hanches et des fesses (obésité gynoïde). Cet aspect peut relever de trois raisons : un hommage aux lactations abondantes qu'ont les femmes ainsi

← ***Mâchoire du « vieillard » de Cro-Magnon (24).*** **Ce quadragénaire n'a plus de dents. Elles sont tombées, sans doute faute d'hygiène buccale.**
Laboratoire de Préhistoire du Lazaret. Nice.

↑ *Grotte de Cougnac (46).* Un dessin énigmatique : cet homme, dessiné sans tête et sans bras, semble lardé de trois sagaies.

→ *La Vénus de Laussel (24).* Cette jeune femme enceinte a déjà eu des enfants comme le montre l'aspect de ses seins et de ses hanches. Comme il est habituel, son visage fait défaut.
Musée d'Aquitaine à Bordeaux.

constituées, une disposition anatomique ethnique, voire une convention de style.

Mais il n'y a jamais d'obésité thoraco-abdominale (obésité androïde), liée à la suralimentation et à la sédentarité. Les Cro-Magnons échappaient donc aux complications de ce type de surcharge (affections cardio-vasculaires, diabète…), si fréquentes aujourd'hui.

Cependant, les Cro-Magnons mouraient jeunes. Sans doute de maladies de l'enfance, des suites de la grossesse ou d'infections saisonnières.

Comme toujours, il y a des faits inattendus. Des silhouettes humaines, peintes sur les parois de deux grottes quercynoises, semblent lardées de traits (Cougnac et Pech Merle), alors qu'on n'a pas de preuves de guerre chez les peuples chasseurs-cueilleurs.

La mort et les sépultures

↓ *Abri Cro-Magnon (24).* **C'est en enlevant les sédiments qui cachaient l'abri inférieur que fut découverte en 1868 la première sépulture d'un homme préhistorique.** Dessin M. Féaux (Société historique et archéologique du Périgord).

La vie des Cro-Magnons est courte. La mort frappe presque un enfant sur deux dans les premières années ; ce cap franchi, un enfant peut espérer atteindre l'âge adulte, mais les sujets âgés sont rares. En somme, un tableau rappelant assez la France des siècles passés, avant l'ère de la prévention des maladies infantiles et des antibiotiques.

La population n'augmente que très lentement avant le Néolithique. Cette démographie stagnante, estimée entre 0,1 et 1 habitant/km^2, n'épuise pas les terrains de chasse et de cueillette.

La mort, du moins pour certains, n'est pas une fin. Les Paléolithiques croyaient-ils à une survie au-delà du trépas ? Une trentaine de sépultures sont connues en France et en Italie, sous abri ou porche de grotte. Seuls les ossements inhumés en pays calcaires ont été fossilisés, donc conservés.

Vous avez dit « Bizarre » ?

Les plus anciennes sépultures de Cro-Magnons en Europe remontent au tout début du Paléolithique supérieur. Elles sont le plus souvent individuelles. Des enfants aussi ont été inhumés à

La Madeleine (24), Grimaldi (Italie), et même l'un d'entre eux avec sa mère à Pataud (24). Un jeune partage une tombe avec une vieille femme à Grimaldi (Italie).

Elles sont volontiers accompagnées d'un mobilier funéraire : parure, coquillages, outils et armes de chasse, os de faune. Celui de Cro-Magnon, Pataud, La Madeleine, Laugerie-Basse (24) est très riche. On dénombre, par exemple, 70 canines de cerf à Saint-Germain-la-Rivière (33), avec de nombreux coquillages.

Certaines sépultures recèlent de l'ocre, qui rougit les ossements, sans que l'on puisse démêler les motivations, utilitaires ou culturelles de cette pratique. Quelques très rares sépultures sont situées dans des sites ornés de Dordogne (grotte de Cussac, abri de Cap-Blanc). Certains squelettes ont fait l'objet de manipulations *post mortem* : le crâne du Mas d'Azil (09) a ses orbites obturées par deux disques d'os ; celui de la jeune femme de Pataud a été déplacé de quelques mètres.

Le respect dû aux morts semble s'être étendu à leurs ossements. Les innombrables pièces osseuses ou dents, transformées en armes de chasse ou en objets de parure, sont habituellement d'origine animale. Très peu sont d'origine humaine. Des calottes crâniennes, en forme de coupes enduites d'ocre rouge, ont été découvertes au Placard (16).

↑ *Sépulture double de Grimaldi (06).*
Il y a environ 20 000 ans, on a enterré en même temps un jeune homme et une femme âgée. La femme portait un bonnet brodé de perles.
Exposition Muséum national d'Histoire naturelle.

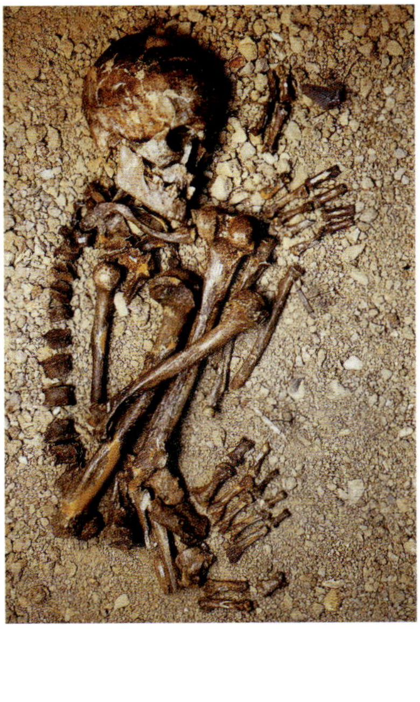

←← *Sépulture de Chancelade (24).*
Ce jeune homme a été enterré en position fœtale, le corps peut-être enserré dans un sac ou les membres liés.
Photo APA – Poux Albi.

← *Le jeune Prince d'Arene Candide (Italie).*
Il avait été enterré avec une coiffure richement ornée et avec des armes de silex et d'os. Son corps était couvert d'ocre.
Laboratoire de Préhistoire du Lazaret. Nice.

Les derniers grands chasseurs

Il y a 10 000 ans environ, le climat peu à peu se réchauffe. Les glaciers régressent et les mers vont se stabiliser au niveau que nous connaissons. Dans notre pays, il fait plus chaud et la pluie remplace la neige. La steppe ouverte aux grands troupeaux fait place à la grande forêt de feuillus. Le renne remonte vers le Grand Nord. Mammouths et rhinocéros laineux font de même puis disparaissent.

Entre 10 000 et 8 000 avant nous, entre Paléolithique et Néolithique, la période de transition est relativement longue : c'est le Mésolithique. L'Azilien du Mas-d'Azil en est le faciès culturel le plus ancien, suivi d'autres cultures, où domine une industrie microlithique.

Les habitats de ce temps, sommaires, sont souvent situés au bord des rivières ou de la mer, sous des rochers, sur un sol sableux.

Les grands événements se déroulent ailleurs. Les pays du Nord sont désormais accessibles et, en Méditerranée orientale, il y a 12 000 ans, s'élèvent déjà les villages des récolteurs de céréales sauvages. L'agriculture va naître là-bas.

↑ ***Une forêt de climat tempéré.*** **Après la fin de la dernière période glaciaire, la forêt remplace la steppe arborée.**

← ***Une sépulture de l'île de Hoëdic (56).*** **Il y a 6 000 ans, la mer a envahi le golfe du Morbihan, isolant des îles. Ici, une sépulture multiple entourée de bois de cerfs.**
Musée de Carnac.

→ ***Les galets peints du Mas d'Azil (09).*** **Au Mésolithique, l'art est surtout représenté par des galets portant des points ou des traits peints ou gravés. Un langage ?**
Musée d'Art et d'Archéologie de Périgueux.

↑ *Un chasseur de Gazulla (Espagne).* À la fin du Paléolithique, l'art quitte le monde souterrain. Il devient un art de plein air et présente des scènes de la vie quotidienne.

Les Hommes, retrouvés dans les sépultures (nécropoles de Téviec et Hoëdic, Morbihan), sont un peu moins grands et plus graciles que les grands chasseurs paléolithiques.

Avec le redoux : gibier et chasse se modifient

L'approvisionnement est bien plus difficile qu'autrefois. Les animaux du froid, dont le renne, remontent vers le Grand Nord, il y a environ 10 000 ans. Les Hommes ne les suivent pas. Bouquetins et chamois gagnent les montagnes.

Il reste encore quelques bisons, des aurochs et des chevaux. Surtout des animaux plus solitaires peuplent la forêt : des cerfs, des sangliers, des chevreuils, des daims et des lapins. La pêche se développe. On ramasse coquillages de mer et escargots.

L'outillage du chasseur se miniaturise. Des grattoirs courts ou circulaires et des pointes de silex à bord abattu arment les flèches des arcs ou constituent le tranchant des outils. L'industrie osseuse s'est appauvrie avec le départ des rennes : les harpons en bois de cerf sont plats avec une perforation basale pour un lien.

L'arc se généralise en Europe il y a 10 000 ans et le chien apparaît un peu plus tard. La chasse se fait individuelle.

L'artiste des temps nouveaux dessine encore quelques animaux au pelage rayé. Surtout, il orne sobrement des galets avec des points colorés et de traits rectilignes peints ou gravés.

L'art des grands chasseurs n'existe plus. L'art figuratif se développera ailleurs, sur les rochers de tous les continents, mais jamais sous terre.

Cultiver la terre et élever des animaux

Voici venir la révolution du Néolithique. Venue de l'est de la Méditerranée, du Croissant fertile où elle a commencé, il y a près de 10 000 ans, elle atteint nos régions avec quelques milliers d'années de retard. C'est une révolution tranquille.

Les haches de pierre polie permettent les défrichements et les labours. On récolte et bientôt on cultive des céréales rustiques jusque-là inconnues en Europe : le blé et l'orge. Sur d'autres continents, ce sera le maïs, le mil ou le riz.

On sait conserver les grains dans des silos, les broyer grâce aux meules et aux broyons. La première cuisine est faite de bouillies et de galettes. Les bêtes sauvages évoluent peu à peu vers nos espèces domestiques : le chien est dérivé du loup ; le mouton, la chèvre et le porc viennent du Proche-Orient, bientôt suivis du bœuf, du cheval et du chat. La chasse et la pêche ne sont plus que des compléments.

Un artisanat nouveau se développe. La céramique de terre cuite et la vannerie fournissent les récipients, le tissage la vêture.

Enclos, greniers et villages

Les Hommes se groupent dans les villages, se sédentarisent. La démographie croît malgré les maladies apportées par le cheptel, les aléas climatiques et les disettes. Ce ne sont plus de grands chasseurs, mais des paysans de petite taille. La civilisation du bouilli et des purées fait apparaître les premières caries dentaires.

On entasse les grains dans des greniers et des animaux dans des parcs. Voilà de quoi exciter l'envie du voisin. Le Néolithique voit le début de la violence

↑ *Une hache polie et son polissoir.*
C'est l'outil principal des premiers paysans au Néolithique. Elle a permis le défrichement et la culture de la terre.

← *Maison avec enceinte de l'âge du Fer.*
Au Néolithique, les Hommes vivent dans des villages au contact des animaux qu'ils élèvent et près des greniers où ils stockent leurs réserves.
Parc archéologique de Samara (80).

↑ *La vallée des Merveilles et le mont Bego (06).* **Ces montagnes recèlent des milliers de gravures des bergers de l'âge du Bronze. Un magnifique lieu de culte perché à 2 000 m.**

et de la guerre, des charniers et des hommes aux os percés de pointes de silex. Les morts sont enterrés dans des grottes ou, collectivement, sous des mégalithes recouverts d'un tertre.

Dans le bassin méditerranéen, on produit des statuettes féminines puis des stèles, gravées et sculptées. On grave les schistes de la vallée des Merveilles et du mont Bégo, on peint les rochers du Sahara.

D'ici peu, ce sera la révolution du métal, l'apparition des techniques industrielles avec le cuivre, le bronze puis le fer, les Gaulois, Jules César et l'écriture...

Histoire, j'écris ton nom. C'est ce que résume ainsi André Leroi-Gourhan : « Le grain appellera le grenier, le grenier exigera un rempart pour le défendre et une troupe pour garder le rempart, un scribe pour compter les sacs de blé, fixer les impôts et écrire l'Histoire. »

→ *Un dolmen en Bretagne.* **Autrefois ces grandes pierres étaient recouvertes de terre. C'était des chambres funéraires collectives.**
Photo Yvon Boëlle.

Le grand livre reste ouvert

Le grand livre de la terre est toujours ouvert. Il nous revient de continuer à le lire et de le protéger.

On privilégie aujourd'hui la fouille de quelques grands gisements et les sauvetages imposés par l'urbanisme et les travaux routiers. La possibilité de découvertes demeure avec ces grands travaux et aussi les prospections, notamment celles des spéléologues.

L'archéologie n'est plus la quête des outils de pierre ou d'os : les musées en regorgent. La fouille est le début d'une longue chaîne opératoire pluridisciplinaire qui se poursuit en laboratoire : de la simple observation jusqu'à l'ADN. On veut reconstituer la vie et pénétrer la pensée de nos ancêtres.

L'essentiel est de savoir conserver et, si possible, de mettre en valeur les découvertes. Il a fallu beaucoup de temps et d'argent pour mouler le sol

↑ *Bison d'Angles-sur-L'Anglin (86).* **Remarquable fragment de la paroi d'un abri décoré de sculptures à l'époque magdalénienne.** Musée de l'Archéologie nationale de Saint-Germain-en-Laye (78).

← *Un sol magdalénien de Pincevent.* **Minutieusement exploré par décapage, ce sol a conservé, en place, un foyer, des outils de silex et des ossements du gibier.** Moulage Exposition du Muséum national d'Histoire naturelle.

← *Bison de Font-de-Gaume (24).* **Il est encore possible de visiter cette grotte aux parois décorées d'admirables peintures magdaléniennes.** Photo Leroi-Gourhan, collection Delluc.

minutieusement décapé de Pincevent, tenter de sauver Lascaux, victime d'une conservation inadéquate, nettoyer les dégâts du temps et des visiteurs à Font de Gaume, Arcy-sur-Cure, Rouffignac et La Baume Latrone.

On ne peut cependant pas tout protéger. C'est dire l'intérêt des études et des publications, souvent négligées ou retardées.

Plus de questions que de réponses

Certaines sont scientifiques. Qui était l'ancêtre commun à l'Homme et au Singe ? Quel est notre véritable arbre généalogique ? Notre perception de la Préhistoire est-elle conforme à la réalité ? Quelle est la signification de l'art préhistorique ?

D'autres sont pratiques. La Préhistoire est-elle compatible avec le tourisme, les aménagements urbains et routiers ? Peut-on restaurer les vestiges préhistoriques, notamment les œuvres pariétales en train de disparaître ? On le fait bien pour les objets. Doit-on fermer les sites préhistoriques ? Jusqu'où peut aller la restitution ? Voici le temps venu des musées de sites plus que des musées-vitrines traditionnels, celui des parcs archéologiques, des fac-similés de grottes ornées, des moulages d'objets et des reconstitutions virtuelles. Où est la vérité ?

Comment mettre la main à la pâte ? Les postes ouverts dans le domaine de l'archéologie sont rares, les filières sinueuses. La participation bénévole à un chantier de fouilles peut constituer une bonne activité de loisir et, parfois, un marchepied pour une entrée dans une carrière d'archéologue.

La Préhistoire peut servir à quelque chose

Aujourd'hui, nous vivons bien plus comme les descendants des Néolithiques que comme ceux des grands chasseurs du Paléolithique.

La vie moderne a tout changé. La durée de vie s'est allongée, mais les maladies de surcharge augmentent de façon alarmante. Il serait sans doute temps de revenir, comme nos grands ancêtres, à une alimentation saine et à un exercice physique régulier.

↓ *Une jeune Gravettienne à l'abri Pataud (24).* **C'est le portrait en bronze d'une jeune femme morte à l'âge de 16 ans en mettant son enfant au monde.** Sculpture E. Granqvist. Musée de l'Abri Pataud (24).

LES TEMPS PRÉHISTORIQUES EN FRANCE

TEMPS (AV. J.-C.)	ÉPOQUES	CULTURES	TYPES HUMAINS	FOSSILES HUMAINS
0	FER			
	BRONZE			
5 000	NÉOLITHIQUE			
	MÉSOLITHIQUE			Gramat Rochereil
10 000				Chancelade La Madeleine
		MAGDALÉNIEN		
15 000				
		SOLUTRÉEN	*HOMO SAPIENS SAPIENS* (Cro-Magnons)	
20 000	PALÉOLITHIQUE SUPÉRIEUR		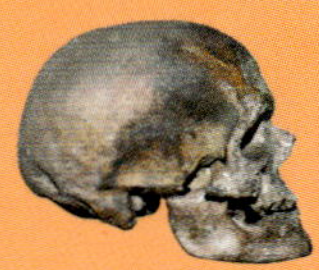	Pataud
		GRAVETTIEN		Grimaldi Cro-Magnon
25 000				
30 000		AURIGNACIEN		Combe-Capelle
		CHÂTELPERRONIEN		Saint-Césaire
40 000	PALÉOLITHIQUE MOYEN		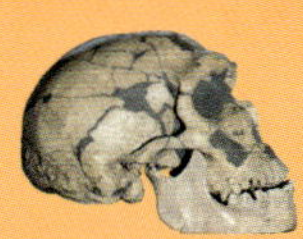	La Ferrassie Le Moustier
		MOUSTÉRIEN	HOMO SAPIENS (Néandertaliens)	Roc-de-Marsal La Chapelle-aux-Saints Le Régourdou
100 000				
			HOMO ERECTUS (Anténéandertaliens)	Le Lazaret
500 000	PALÉOLITHIQUE INFÉRIEUR	ACHEULÉEN	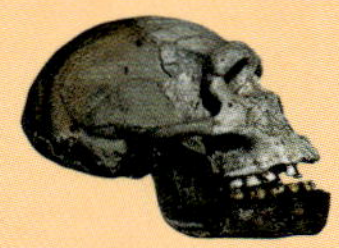	Tautavel
1 000 000				

Les flèches correspondent à la durée de chaque culture.

GISEMENTS	ABRIS ET ROCHES ORNÉS	GROTTES ORNÉES	LES GRANDES INVENTIONS
			— 0
	Vallée des Merveilles		Écriture
			— 5 000 Céramique
		Teyjat, Le Mas-d'Azil,	— 10 000
LE MAS-D'AZIL		Saint-Cirq	
PINCEVENT	Cap-Blanc	Rouffignac, Niaux,	
ÉTIOLLES	Reverdit	Bernifal, Bédeilhac,	
LAUGERIE-BASSE	Angles-sur-L'Anglin	Les Combarelles, Isturitz,	— 15 000
		Font-de-Gaume	
LAUGERIE-HAUTE	Fourneau-du-Diable (MNPE*)	Bara-Bahau, Lascaux, Villars	
	Roc-de-Sers (MAN*)		
	Pataud-Movius	Cosquer	— 20 000
	Pataud		
		Arcy-sur-Cure,	Art
PATAUD	Le Poisson	Pech-Merle, Cougnac,	— 25 000
	Labattut (MAN*)	Gargas,	
		Cussac	
		Chauvet, Pair-non-Pair	
LA FERRASSIE	Blanchard (MAAP*)		— 30 000
			Outils sur lames de silex et sur os
			— 40 000
LE MOUSTIER			
			— 100 000 Sépultures
LA MICOQUE			
			Feu
LE LAZARET			
TERRA-AMATA			
MENEZ-DREGAN			— 500 000 Biface
TAUTAVEL			
			— 1 000 000

* MNPE = Musée national de Préhistoire des Eyzies
MAN = Musée des Antiquités nationales (Saint-Germain-en-Laye)
MAAP = Musée d'Art et d'Archéologie de Périgueux

Les grands sites à visiter

↓ *Lascaux II.*
La grotte de Lascaux est définitivement fermée au public en 1963. Le fac-similé de la Salle des Taureaux est inauguré en 1983.

Le patrimoine préhistorique de la France est très important. Quelques grottes ou abris ornés présentent encore leurs œuvres pariétales à un nombre réduit de visiteurs. Parmi elles : Font-de-Gaume, les Combarelles, Cap Blanc, Rouffignac, Villars en Dordogne, Pech-Merle et Cougnac dans le Lot, Pair-non-Pair en Gironde, Niaux en Ariège, Isturitz-Oxocelhaya en Pays basque, Arcy-sur-Cure en Bourgogne, Locmariaquer et Gavrinis en Bretagne et la vallée des Merveilles dans le Mercantour. Certains sites sont ouverts à la visite, en saison ou lors des journées du Patrimoine. D'autres ont été reproduits en fac-similés : Lascaux, Chauvet, Niaux et, en Espagne, Altamira. Les objets découverts dans les sites préhistoriques sont conservés sur place dans les musées de site ou dans les musées. Les parcs archéologiques donnent une idée de la vie des Hommes de la Préhistoire.

Musées : le musée de l'Archéologie nationale de Saint-Germain-en-Laye ; le musée national de Préhistoire des Eyzies ; le musée d'Aquitaine à Bordeaux ; le musée d'Art et d'Archéologie de Périgueux ; le Musée de Tautavel.

Musées de site et musées régionaux : l'Aven d'Orgnac, Carnac, Cro-Magnon, La Chapelle-aux-Saints, Le Grand Pressigny, Lussac-les-Châteaux, Mas d'Azil, Menton, Nemours, Paléosite de Saint-Césaire, Pataud, Pech-Merle, Quinson, Solutré, Tende, le vallon des Roches à Sergeac et, en Espagne, Atapuerca.

Parcs archéologiques : Le Thot, le Préhistoparc, Beynac, Samara, le Parc pyrénéen de l'art préhistorique à Tarascon-sur-Ariège, le parc de Bougon.

↑ *Grotte de Rouffignac (24).* **Dans cette immense grotte ornée de superbes dessins magdaléniens, la visite se fait en petit train électrique, avec le commentaire d'un excellent guide.**
Photo J. Plassard

← *Grotte de Rouffignac (24).* **Un mammouth très bien dessiné sur le grand plafond. On distingue la toison laineuse, l'œil avec le bourrelet sus-orbitaire, l'extrémité préhensile de la trompe et l'opercule anal. Un couple de bouquetins l'accompagne.**
Photo J. Plassard.

Choix bibliographique

• Sophie ARCHAMBAULT DE BEAUNE et Antoine BALZEAU
Chronique de l'Homme. La Préhistoire, éditions Chronique et CNRS éditions, 2009.
• Brigitte et Gilles DELLUC
La Vie des Hommes de la Préhistoire, Editions Ouest-France (collection Histoire), 2012.
• Henry DE LUMLEY
La Grande Histoire des premiers hommes européens, Odile Jacob, 2007.
• Pascal PICQ
Les Origines de l'homme : l'odyssée de l'espèce, Tallandier, 2014 (préface d'Yves Coppens).
• Denis VIALOU (sous la direction de),
La Préhistoire, histoire et dictionnaire, Paris, Editions Laffont (collection Bouquins), 2004.

Indications pratiques

Les sites Internet (sites spécifiques et www.hominides.com) et les publications renseignent sur le contenu des sites et les modalités de visite.

Crédits photographiques

Tous les clichés sont dus aux auteurs sauf indications contraires.

↑ *Bouquetin sculpté en bas relief.* Voûte de l'abri Pataud-Movius (24).

Editions OUEST-FRANCE
Lille - Rennes

Éditeur Matthieu Biberon • Coordination éditoriale Caroline Brou
Conception Studio des Éditions Ouest-France
Cartographie Patrick Mérienne • Mise en page Brigitte Racine
Photogravure graph&ti, Cesson-Sévigné (35) • Impression Gibert Clarey, Chambray-lès-Tours (37)

• ISBN 978-2-7373-6736-6 • N° d'éditeur 7840.01.03.04.15
Dépôt légal : avril 2015 • Imprimé en France • www.editionsouestfrance.fr